FRANKFURTER WIRTSCHAFTS- UND SOZIALWISSENSCHAFTLICHE STUDIEN

Heft 15

Herausgegeben von der
Wirtschafts- und Sozialwissenschaftlichen Fakultät
der Johann Wolfgang Goethe-Universität
Frankfurt am Main

Wachstumsbedingte Verbrauchsstruktur-änderungen und einige ihrer Konsequenzen für die Verbrauchsbesteuerung

Von

Dr. Helga Pollak

DUNCKER & HUMBLOT / BERLIN

Diese Dissertation wurde mit dem Preis
der Industrie- und Handelskammer Frankfurt am Main
im Jahre 1966 ausgezeichnet

Gedruckt 1966 bei Berliner Buchdruckerei Union GmbH., Berlin 61
Printed in Germany

Vorwort

Die vorliegende Untersuchung umfaßt sowohl theoretisch-methodische Probleme als auch empirische Ergebnisse der Verbrauchsanalyse und versucht, diese für eine bestimmte finanzwissenschaftliche Fragestellung nutzbar zu machen. Darin lag der Reiz, aber auch die Schwierigkeit der Arbeit, da die Vorzüge einer Verknüpfung mehrerer Aspekte notwendig mit den Nachteilen geringerer Spezialisierung verbunden sind.

Die Anregung zu dieser Studie gab mein verehrter Lehrer, Herr Prof. Dr. Dr. h. c. Dr. h. c. Dr. h. c. Fritz Neumark. Er hat durch seine wertvollen Ratschläge, sein lebhaftes Interesse und seine ständige Ermutigung den Abschluß der Arbeit wesentlich gefördert, wofür ich ihm zu außerordentlichem Dank verpflichtet bin. Auch Herrn Prof. Dr. Karl Häuser verdanke ich zahlreiche kritische Hinweise. Schließlich gilt mein Dank allen Kollegen und Freunden, die während der Entstehungszeit des Manuskripts durch ihr geduldiges Zuhören und Diskutieren meinen Problemen viel Verständnis entgegenbrachten.

Die Arbeit wurde im Sommer 1965 abgeschlossen. Von später erschienenen einschlägigen Veröffentlichungen konnten nur einige in Anmerkungen kurz erwähnt werden.

Frankfurt am Main, im März 1966

Helga Pollak

Inhaltsverzeichnis

A. Einleitung

I. Einführung in das Problem

1. Wirtschaftliches Wachstum und Strukturwandlungen

Eingedenk der Tatsache, daß konjunkturelle Rückschläge heute in vielen Ländern nicht mehr in Schrumpfungserscheinungen, sondern nur noch in einer Abschwächung positiver Entwicklungsraten zum Ausdruck kommen, hat sich das wissenschaftliche Interesse während der letzten Jahrzehnte wieder verstärkt längerfristigen, kleinere Schwankungen überdeckenden Wachstumsprozessen zugewandt[1].

Zwei große Gruppen von Fragestellungen sind dabei zu beobachten: In die erste gehören sowohl die theoretischen als auch die mehr wirtschaftspolitisch ausgerichteten Analysen der Bedingungen dauerhaften Wachstums, in der zweiten werden unter der Annahme, daß ein derartiges Wachstum aus welchen Gründen auch immer gesichert sei, seine charakteristischen Züge im Hinblick auf besondere Teilbereiche der Wirtschaft untersucht.

Das Wachstum einer Wirtschaft ist gekennzeichnet durch die Entwicklung der menschlichen Bedürfnisse, der verfügbaren Produktionsfaktoren und des technischen Wissens[2]. Während die beiden letzten Komponenten über die Kosten- und Produktivitätsentwicklung Höhe und Elastizität des Güter- und Dienstleistungsangebots bestimmen, beeinflussen die Bedürfnisse unmittelbar die Nachfrage nach diesen Gütern und Diensten. Alle drei Faktoren aber haben die Eigenschaft, in den einzelnen Sektoren einer Volkswirtschaft ein Wachstum unterschiedlicher Intensität hervorzurufen. Dies führt zu Änderungen in der Struktur der ihrerseits mit einer Durchschnittsrate wachsenden Gesamtwirtschaft, wenn man die häufig verwendete einfachste Defini-

---

[1] Vgl. Kaldor, N., Essays on Economic Stability and Growth, London 1960, S. 2. — Lewis, A., The Theory of Economic Growth, London 1955, S. 21. — Kurihara, K., National Income and Economic Growth, London 1961, S. 117.

[2] Vgl. Niehans, J., Strukturwandlungen als Wachstumsprobleme, in: Neumark, F. (Hrsg.), Strukturwandlungen einer wachsenden Wirtschaft, Schriften des Vereins für Socialpolitik NF, Bd. 30/I, Berlin 1964, S. 20. — Bombach, G., Quantitative und monetäre Aspekte des Wirtschaftswachstums, in: Hoffmann, W. G. (Hrsg.), Finanz- und währungspolitische Bedingungen stetigen Wirtschaftswachstums, Schriften des Vereins für Socialpolitik NF, Bd. 15, Berlin 1959, S. 154 ff.

tion des Strukturbegriffs zugrunde legt, wonach unter Struktur die Gesamtheit der Relationen zwischen Teilgrößen und der aus ihnen aggregierten Gesamtgröße zu verstehen ist[3]. Das Verhältnis der überdurchschnittlich wachsenden Teilbereiche zur Gesamtgröße erhöht sich, das der unterdurchschnittlich wachsenden nimmt ab, nur das der sich durchschnittlich entwickelnden bleibt konstant. Anders ausgedrückt heißt dies, daß Strukturwandlungen immer dann erfolgen, wenn die Elastizitäten der Teilgrößen in bezug auf die Gesamtgröße nach oben oder unten von Eins abweichen[4], gleichgültig, ob sie auf längere Sicht im großen und ganzen konstant bleiben oder sich systematisch verändern. Empirische Untersuchungen zeigen, daß in der ökonomischen Realität letzteres der Fall ist[5]. Zum einen führen nämlich der technische Fortschritt und wirtschaftlich, gesellschaftlich und modisch bedingte Änderungen der Konsumentenansprüche immer wieder zur stürmischen Entwicklung ganz neuer Wirtschaftszweige, zum andern aber ist „deceleration ... the normal optimum path of a sector, due to a variety of factors operating on it, from the side of both supply and demand“[6]. Jeder Sektor wird im Zuge der Entwicklung — wenn auch in verschieden schnellem Tempo und zu einem anderen Zeitpunkt — aus dem Stadium überdurchschnittlicher in das unterdurchschnittlicher Wachstumsraten eintreten.

Natürlich ist beim kritischen Vergleich von Strukturbildern stets zu beachten, daß deren Aussehen nicht nur durch die sachlichen Kriterien der Sektorenbildung, sondern auch durch den Grad der Disaggregierung bestimmt wird. Geht diese nicht sehr ins Detail, so werden auch innerhalb eines Sektors noch Strukturverschiebungen stattfinden. Über- und unterdurchschnittliche Entwicklungsraten einzelner Produkte können sich überlagern, so daß unter Umständen die sichtbar werdenden strukturellen Umschichtungen geringer sind, als es bei stärkerer Aufgliederung der Fall wäre.

---

3 Vgl. Niehans, J., a. a. O., S. 19. — Bombach, G., Der Strukturbegriff in der Ökonomie, in: Neumark, F. (Hrsg.), Strukturwandlungen einer wachsenden Wirtschaft, a. a. O., S. 10 ff. — Machlup, F., Structure and Structural Change: Weaselwords and Jargon, Zeitschrift für Nationalökonomie, Bd. 18, 1958, S. 280 ff.; wiederabgedruckt in: Machlup, F., Essays on Economic Semantics, Englewood Cliffs, N. J., 1963, S. 73 ff.

4 Eine allgemeiner gehaltene Definition gibt Harms: „Strukturwandlungen sind der Ausdruck veränderter Verhältnisse in der Anordnung und Funktion der Teile, die zugleich auf die Umbildung des Ganzen einwirken.“ Vgl. Harms, B., Das neue Deutschland im neuen Europa, in: Harms, B. (Hrsg.), Strukturwandlungen der Deutschen Volkswirtschaft, Bd. 1, Berlin 1928, S. 18. — Vgl. auch Thalheim, K. C., Aufriß einer volkswirtschaftlichen Strukturlehre, Zeitschrift für die gesamte Staatswissenschaft, Bd. 99, 1939, S. 464.

5 Vgl. Clark, C., The Conditions of Economic Progress, 3. Aufl., London 1957. — Fourastié, J., Die große Hoffnung des Zwanzigsten Jahrhunderts, Köln-Deutz 1954. — Rostow, W. W., The Stages of Economic Growth, Cambridge 1960.

6 Vgl. Rostow, W. W., a. a. O., S. 13.

2. Wirtschaftliches Wachstum, Steuerertrag und Steuerlastverteilung

Der Vielfalt der Aspekte, unter denen die wachstumsbedingten Strukturwandlungen betrachtet werden können, entspricht die Zahl der Möglichkeiten, sie zur Entwicklung des öffentlichen Bereichs in Beziehung zu setzen.

Öffentlicher und privater Sektor können als Ganzes einander gegenübergestellt und die in der Vergangenheit beobachteten und in der Zukunft zu erwartenden Entwicklungsraten verglichen werden, wie das Adolph Wagner in seinem „Gesetz der wachsenden Staatsausgaben" und in Anlehnung an ihn zahlreiche andere Autoren getan haben[7]. Man kann jedoch auch den Zusammenhang zwischen den Strukturen beider Bereiche ins Auge fassen, der interdependenter Natur ist. Die Zusammensetzung sowohl der öffentlichen Einnahmen als auch der öffentlichen Ausgaben beeinflußt das strukturelle Bild des privaten Sektors; denn eine „Neutralität" der öffentlichen Finanzgebarung im weitesten Sinne ist weder denkbar noch erwünscht[8]. Umgekehrt findet aber auch die Struktur der Privatwirtschaft ihren Niederschlag im Aufbau des öffentlichen Haushalts, und zwar mit besonderer Unmittelbarkeit in den Steuererträgen.

Der Ertrag einer Steuer stellt sich dar als das Produkt aus dem Aggregat der individuellen Bemessungsgrundlagen (B) und dem durchschnittlichen Steuersatz (t)[9]. Wächst B, so wächst, von kurzfristigen erhebungstechnisch bedingten Verzögerungen abgesehen, der Steuerertrag in entsprechendem Ausmaß. Je nach Ausgestaltung der Steuer kann sich jedoch auch automatisch der durchschnittliche Steuersatz ändern. Dies wird besonders deutlich bei den direkt progressiven Steuern, trifft aber auch bei all denen zu, die auf Grund von Freibeträgen und Ermäßigungen eine indirekte Progression aufweisen.

---

[7] Vgl. zur Orientierung: Littmann, K., Zunehmende Staatstätigkeit und wirtschaftliche Entwicklung, Köln und Opladen 1957. — Timm, H., Das Gesetz der wachsenden Staatsausgaben, Finanzarchiv NF, Bd. 21, 1961, S. 201 ff. — Schmidt, K., Zu einigen Theorien über die relative Ausdehnung der öffentlichen Ausgaben, Finanzarchiv NF, Bd. 24, 1965, S. 193 ff.

[8] Vgl. Neumark, F., Interventionistische und dirigistische Steuerpolitik, in: Beckerath, E. von, Meyer, F. W., Müller-Armack, A. (Hrsg.), Wirtschaftsfragen der freien Welt. Zum 60. Geburtstag von Bundeswirtschaftsminister Ludwig Erhard, Frankfurt am Main 1957; wiederabgedruckt in: Neumark, F., Wirtschafts- und Finanzprobleme des Interventionsstaates, Tübingen 1961, S. 281.

[9] Vgl. Musgrave, R. A., The Theory of Public Finance, New York, Toronto, London 1959, S. 506 ff.

Littmann (Strukturen und Entwicklungen der staatlichen Aktivität in der Bundesrepublik Deutschland 1950—1970, in: Neumark, F. (Hrsg.), Strukturwandlungen einer wachsenden Wirtschaft, Schriften des Vereins für Socialpolitik NF, Bd. 30/II, Berlin 1964, S. 823 ff.) nennt insgesamt sechs Faktoren, die den Steuerertrag bestimmen; diese sind jedoch in unserer allgemeineren Formulierung alle implizit enthalten.

Würden in einem Steuersystem die Bemessungsgrundlagen aller Steuern gleichmäßig wachsen, so wäre die Veränderung der Anteile ihrer Erträge am Gesamtsteuerertrag allein von den Veränderungen ihrer durchschnittlichen Sätze abhängig. Die Strukturwandlungen in einer wachsenden Wirtschaft führen jedoch dazu, daß dies nicht der Fall ist. Die unterschiedlichen Veränderungen der Bemessungsgrundlagen müssen in Beziehung gesetzt werden zu der Veränderung einer Vergleichsgröße, die als Maßstab für das Wirtschaftswachstum dient. Diesen Zweck kann das Bruttosozialprodukt oder das Volkseinkommen (Y) erfüllen.

In den hier gewählten Symbolen ausgedrückt heißt dies, daß der Ertrag einer Steuer durch

$$T = B\,(Y) \cdot t[B\,(Y)]$$

und das Verhältnis seiner Veränderungsrate zu der der Vergleichsgröße, d. h. seine Elastizität, durch

$$\frac{\frac{dT}{T}}{\frac{dY}{Y}} = \frac{dT}{dY} \cdot \frac{Y}{T} = \frac{\partial B}{\partial Y} \cdot \frac{t \cdot Y}{T} + \frac{\partial t}{\partial B} \cdot \frac{\partial B}{\partial Y} \cdot \frac{B \cdot Y}{T} = \frac{\partial B}{\partial Y} \cdot \frac{Y}{B} \cdot \left(1 + \frac{\partial t}{\partial B} \cdot \frac{B}{t}\right)$$

gegeben ist.

Die Elastizität des Steuerertrags in bezug auf das Volkseinkommen ist also abhängig von der Elastizität der aggregierten Bemessungsgrundlagen, bezogen auf das Volkseinkommen, und der Elastizität des durchschnittlichen Steuersatzes in bezug auf die Bemessungsgrundlagen.

Steuern, bei denen die Ertragselastizität[10] größer (kleiner) als Eins ist, entwickeln sich über(unter)proportional zum Volkseinkommen. Ist der Elastizitätskoeffizient gleich dem des Gesamtsteuerertrags, so bleibt der Anteil der betrachteten Steuer am Gesamtaufkommen gleich[11].

Die Auswahl der Steuerobjekte und insbesondere der Steuertarife, aus der eine bestimmte Höhe der Elastizitäten der Bemessungsgrundlagen und der durchschnittlichen Steuersätze resultiert, kann jedoch nicht nur unter dem Gesichtspunkt der Ertragselastizitäten erfolgen —

---

10 Es sei an dieser Stelle darauf hingewiesen, daß bei der abgekürzten Benennung von Elastizitäten in der Literatur und im wissenschaftlichen Sprachgebrauch nicht ganz konsequent vorgegangen wird. Manchmal geht der Nenner (z. B. bei Einkommens-, Preiselastizität), manchmal der Zähler (z. B. bei Steuerertrags-, Ausgaben-, Mengen-, Qualitätselastizität) in die Vorsilbe ein. Sind Verwechslungen ausgeschlossen, sollen die gebräuchlichen Kurzformen jedoch auch hier weiter benutzt werden.

11 Da die Größe dY/Y in einem bestimmten Zeitpunkt für alle Steuern eines Steuersystems dieselbe ist, genügt es auch, die Wachstumsraten der einzelnen Steuererträge mit der des Gesamtsteuerertrags zu vergleichen, um die Veränderung der Ertragsanteile festzustellen.

dazu wären überdies genaue Vorstellungen über die erwünschte langfristige Entwicklung des Anteils des öffentlichen Sektors notwendig —, sondern muß in erster Linie im Hinblick auf die angestrebte Steuerlastverteilung zwischen den einzelnen Gruppen von Steuerpflichtigen vorgenommen werden, die dem Prinzip der Besteuerung nach der Leistungsfähigkeit und gewissen politisch determinierten Umverteilungszielsetzungen entsprechen soll. Die Ertragselastizität progressiv wirkender Steuern ist in einer wachsenden Wirtschaft größer als Eins, die von Proportionalsteuern etwa gleich Eins und die regressiver Steuern kleiner als Eins. Änderungen der Elastizitäten der Bemessungsgrundlagen und der durchschnittlichen Steuersätze wirken sich gleichzeitig auf die Entwicklung der Steuererträge und die der Belastungsverteilung aus.

3. Ertragselastizität und Belastungsverteilung bei den speziellen Verbrauchsteuern

Die Elastizität der aggregierten Bemessungsgrundlagen und die Steuersatzelastizität sind bei den einzelnen Steuerarten von unterschiedlicher quantitativer Bedeutung[12].

Die Spezialverbrauchsteuern, denen der letzte Teil dieser Arbeit gewidmet ist, sind überwiegend mit in bezug auf die Bemessungsgrundlage proportionalen Sätzen ausgestattet. Änderungen der Steuersätze und der Erhebungsmodalitäten bedürfen jeweils diskretionärer finanzpolitischer Entscheidungen, die zwar durch den Wachstumsprozeß angeregt werden können, aber nicht dessen automatische Folge sind[13].

Ausschlaggebend für die Elastizität des Verbrauchsteueraufkommens und die Verbrauchsteuerlastverteilung ist also unter der Voraussetzung unveränderter Steuergesetzgebung die Entwicklung der Bemessungsgrundlagen, die sich aus den strukturellen Veränderungen in der Einkommensverwendung bei wachsendem Volkseinkommen ergibt.

Die ersten Versuche, diese Veränderungen in Gesetzmäßigkeiten zu fassen, reichen in das 19. Jahrhundert zurück[14]. Im Jahre 1857 formulierte der Statistiker Ernst Engel sein berühmtes Gesetz, „welches sich in die Worte fassen läßt: ‚Je ärmer der Einzelne, oder eine Familie, oder ein Volk ist, einen desto größeren Prozentsatz ihres Einkommens müssen sie auf die physische Erhaltung und zwar hiervon wiederum

[12] Vgl. Musgrave, R. A., a. a. O., S. 510 f.

[13] Satzänderungen fallen unter den Begriff der aktiven Steuerelastizität. Vgl. Neumark, F., Wo steht die „Fiscal Policy" heute?, Finanzarchiv NF, Bd. 19, 1959, S. 46 ff.; wiederabgedruckt in: Neumark, F., Wirtschafts- und Finanzprobleme des Interventionsstaates, a. a. O., S. 222.

[14] Vgl. Stigler, G. J., The Early History of Empirical Studies of Consumer Behavior, The Journal of Political Economy, vol. LXII, 1954, S. 95 ff.

den größten Teil auf die Nahrungsmittel verwenden' "[15]. Eine ähnliche Feststellung traf der Statistiker Schwabe in bezug auf die Wohnungsausgaben. Seitdem haben Wirtschaftswissenschaft und empirische Wirtschaftsforschung sich bemüht, ein allgemeines Instrumentarium zur Erforschung der Beziehungen zwischen Einkommen und Verbrauch sämtlicher Güterkategorien zu entwickeln sowie entsprechendes Zahlenmaterial zu sammeln und zu analysieren. Die Ergebnisse dieser Bemühungen werden den wesentlichen Bestandteil dieser Untersuchung und die Grundlage für eine finanzpolitische Beurteilung der Bedeutung und Funktion spezieller Verbrauchsteuern im Steuersystem einer hochentwickelten und stetig expandierenden Volkswirtschaft bilden.

II. Abgrenzungsfragen

1. Abgrenzung der Untersuchungsobjekte

a) Wohlstandsgesellschaft

Die quantitativen Effekte wachstumsbedingter Strukturwandlungen können auf lange Sicht durch ihre Intensität und Richtung den Typus einer Volkswirtschaft entscheidend verändern und wirtschafts- und finanzpolitische Maßstäbe und Entscheidungen qualitativ beeinflussen. Diese Erkenntnis veranlaßte Galbraith im Jahre 1958 zur Aufstellung seiner bewußt überspitzten Thesen über die Besonderheiten einer „Affluent Society"[16]. Wenn man auch zugeben muß, daß das von ihm gezeichnete Bild einer modernen Wirtschaftsgesellschaft in den meisten Ländern noch nicht der Realität entspricht, so wird doch deutlich, daß eine ganze Reihe ökonomischer Fragestellungen in einem Zeitalter zunehmenden Massenwohlstands in einem anderen, neuen Licht erscheinen.

Dies gilt auch für das Problem der adäquaten Ausgestaltung eines Systems spezieller Verbrauchsteuern. Es muß deshalb festgehalten werden, daß die in dieser Untersuchung angestrebten Ergebnisse sich beziehen sollen auf einen Wirtschaftstyp, der gekennzeichnet ist durch „die Abwesenheit von Massenarmut in dem Sinne, daß — anders als in armen Volkswirtschaften — das Einkommensniveau nicht nur einer schmalen Schicht Privilegierter, sondern auch der großen, absolut wie relativ ständig wachsenden Zahl abhängig Beschäftigter die Befriedigung von weit über den physiologischen Existenzbedarf hinausreichen-

[15] Vgl. Engel, E., Die Lebenskosten belgischer Arbeiterfamilien früher und jetzt, Dresden 1895, S. 39 f. Im Anhang findet sich ein Wiederabdruck seines Aufsatzes: Die Productions- und Consumtionsverhältnisse des Königreichs Sachsen, Zeitschrift d. Stat. Bureaus d. Königlich Sächsischen Ministeriums d. Innern, Dresden, No. 8 u. 9, 1857.

[16] Vgl. Galbraith, J. K., The Affluent Society, Boston 1958.

den Bedürfnissen sowie die Bildung von Ersparnissen gestattet"[17]. Dieser Zustand wird zum Teil durch ein umfassendes System sozialer Sicherheitseinrichtungen, wie Alters-, Kranken-, Unfall- und Arbeitslosenversicherung, sowie durch eine wirksame Vermögens- und Einkommensredistribution erreicht, in beträchtlichem Umfang aber auch direkt durch das stetige Wachstum des Volkseinkommens[18].

Diese und andere Charakterisierungen einer hochentwickelten Wirtschaft[19] zeigen, daß Höhe und Struktur des Konsums für sie ein wesensbestimmendes Element bilden, dessen Rückwirkungen auf die Steuerpolitik nachzugehen vielleicht nicht ganz müßig ist, selbst wenn die speziellen Verbrauchsteuern in einem modernen Steuersystem nur eine untergeordnete Rolle spielen können.

Dem Typ einer Wohlstandsgesellschaft entsprechen bzw. nähern sich heute außer den Vereinigten Staaten eine Reihe westeuropäischer Länder, wie Großbritannien, Frankreich, die Schweiz, Österreich, die Benelux-Länder, Schweden und die Bundesrepublik Deutschland. Letzterer gilt natürlich unser besonderes Interesse, doch ist es aus erkenntnismäßigen und praktischen Gründen nützlich und notwendig, auch empirisches Material aus den anderen genannten Ländern heranzuziehen; die Berücksichtigung amerikanischer Daten kann für die Entwicklungstendenzen in der Bundesrepublik sogar bis zu einem gewissen Grade Prognosezwecke erfüllen.

b) Verbrauchsteuern und Verbrauch

Die Verbrauchsteuern werden von Schmölders als „Steuern auf die in der Einkommensverwendung für den persönlichen Lebensbedarf zum Ausdruck kommende wirtschaftliche Leistungsfähigkeit" definiert, wobei es unerheblich ist, ob diese direkt vom Endverbraucher oder vom Hersteller oder Lieferanten zu entrichten sind[20].

Diese Begriffsbestimmung umfaßt sowohl auf einzelne Güter erhobene Spezialverbrauchsteuern (excise taxes) als auch eine als all-

---

[17] Vgl. Neumark, F., Steuerpolitik in der Überflußgesellschaft, Berlin 1961, S. 11.

[18] Vgl. Neumark, F., Steuerpolitik ..., a. a. O., S. 11 f. — Galbraith, J. K., a. a. O., S. 94 ff. — Preiser, E., Probleme der Wohlstandsgesellschaft, Bayerische Akademie der Wissenschaften, Philosophisch-Historische Klasse, Sitzungsberichte, Jg. 1964, H. 7, München 1964, S. 16 ff.

[19] Rostow (a. a. O., S. 73 ff.) spricht z. B. vom „age of high mass-consumption".

[20] Vgl. Schmölders, G., Zur Begriffsbestimmung der Verbrauchsteuern, Finanzwissenschaftliche Forschungsarbeiten NF, H. 10, Berlin 1955, S. 7 f. — Ders., Das Verbrauch- und Aufwandsteuersystem, Handbuch der Finanzwissenschaft, 2. Aufl., 2. Band, Tübingen 1956, S. 652.

gemeine Verbrauchsteuer anzusehende Umsatzsteuer[21]. Obwohl die Erträge letzterer durchaus nicht unabhängig von Wandlungen der Verbrauchsstruktur sind[22], können diese u. E. als Kriterium für die zweckmäßige Ausgestaltung der Umsatzsteuer keine große Rolle spielen. Eine Ausnahme bildet die britische Purchase Tax mit ihren für einzelne Güter und Güterkategorien erheblich differenzierten Sätzen, die aus unserem Gesichtswinkel einer Kombination spezieller Verbrauchsteuern sehr ähnlich und besonders deswegen interessant ist, weil sie gerade solche Güter trifft, die sonst üblicherweise nicht Gegenstand spezieller Verbrauchsabgaben sind[23].

Unsere Strukturanalyse soll den wachstumsbedingten Wandlungen des Konsums privater Haushalte gelten. Soweit spezielle Verbrauchsteuern auf Güter erhoben werden, die nicht nur konsumtiven, sondern auch produktiven Zwecken dienen — so z. B. bei der gerade aus diesem Grund sehr ertragreichen Mineralölsteuer —, ist zu berücksichtigen, daß das Wachstum der Bemessungsgrundlagen dieser Steuern auch von Faktoren bestimmt wird, die hier nicht untersucht werden.

2. Abgrenzung der Fragestellung

a) Die Bestimmungsfaktoren der Verbrauchsnachfrage

Voraussetzung für eine vollständige und eindeutige Erklärung (und Prognose) empirischer Tatbestände ist das Vorhandensein einer Theorie, in der alle denkbaren Einflußgrößen und Beziehungen in quantifizierbarer Form explizit enthalten sind, mit deren Hilfe aber auch alle für eine bestimmte Fragestellung irrelevanten Faktoren ausgeschaltet werden können.

Dieser Idealvorstellung entspricht jedoch kaum irgendeine ökonomische Theorie, besonders auch nicht die Theorie des Verbraucher-

---

21 Vgl. Popitz, J., Allgemeine Verbrauchsteuer, Handbuch der Finanzwissenschaft, 1. Aufl., 2. Bd., Tübingen 1927, S. 180 ff. — Schmölders, G., Die Umsatzsteuern, Handbuch der Finanzwissenschaft, 2. Aufl., 2. Bd., a. a. O., S. 568.

22 z. B. ist dies der Fall, wenn die Umsätze lebensnotwendiger Güter gar nicht oder mit ermäßigten Sätzen besteuert werden. Im Falle der kumulativen Allphasensteuer spricht einiges für die These, daß bei steigendem Einkommen mehr Güter verbraucht werden, die einem vielstufigen Produktionsprozeß unterliegen und deshalb eine höhere Steuerbelastung zu tragen haben.

23 Vgl. Brittain, H., The British Budgetary System, 2nd impr., London 1960, S. 92 ff.
Die differenzierten Sätze der sowjetischen Umsatzsteuer, deren Zahl in die Tausende geht, dienen vornehmlich der Erreichung planwirtschaftlicher Ziele. Vgl. Holzman, F. D., Soviet Taxation. The Fiscal and Monetary Problems of a Planned Economy, Cambridge 1955. — Menz, G., Die Entwicklung der sowjetischen Besteuerung unter besonderer Berücksichtigung der ordnungspolitischen Funktionen, Berlin 1960.

verhaltens[24]. Dies liegt einmal an der Vielzahl und Interdependenz der in Betracht zu ziehenden Faktoren, zum andern aber auch an ihrer subjektiven Wandelbarkeit und ihrem qualitativ-komplexen Charakter.

Für die Auswahl aus der Fülle der bestehenden Beziehungen[25] sind für unseren Untersuchungszweck vor allem zwei Gesichtspunkte von Bedeutung: primär die längerfristige wachstumsbedingte Wirksamkeit eines Faktors und sekundär der Bestand an theoretischen und statistischen Kenntnissen, die es ermöglichen, etwas mehr als allgemeine Vermutungen über seinen Einfluß aufzustellen.

Auf Grund dieser Überlegungen konzentriert sich unser Interesse auf den Zusammenhang zwischen laufendem Einkommen und Verbrauch einzelner Güter. Zahlreiche modifizierende Hypothesen, wie etwa die, daß der Konsum einer Periode vom Einkommen der Vorperiode, von dem innerhalb eines überschaubaren Zeitraums maximal bzw. dauerhaft erzielten Einkommen oder den Einkommenserwartungen abhänge[26], können wegen ihrer speziellen Gültigkeit für kurzfristige Entwicklungen vernachlässigt werden. Zu berücksichtigen wären allerdings die von Duesenberry betonte Abhängigkeit des Verbrauchs von der relativen Position der Wirtschaftssubjekte in einer gegebenen Einkommenspyramide[27] und die Einflüsse von wachstumsbedingten Veränderungen der Einkommensverteilung selbst. Theoretische Ansätze in dieser Richtung haben jedoch noch wenig Einfluß auf die empirische Forschung gewinnen können.

Weitere Faktoren, die die Verbrauchsstruktur in einer wachsenden Wirtschaft bestimmen, sind die Veränderungen der Bevölkerungsstruktur im Hinblick auf die Verteilung auf Stadt und Land, auf die ver-

---

24 Vgl. Shupack, M. B., The Predictive Accuracy of Empirical Demand Analysis, The Economic Journal, vol. LXXII, 1962, S. 550 ff.

25 Burns (The Instability of Consumer Spending, Thirty-second Annual Report, National Bureau of Economic Research, New York 1952, S. 13) nennt z. B. „the size of the family, the age of its members, their occupation, their place of residence, their income, any recent shift in their income, their highest past income, the amount of their liquid assets, their stock of durables and semi-durables, recent changes in their buying, their highest past spending, their expectations concerning future incomes and prices, the amount and kind of their neighbors' buying ... the distribution of individual incomes ... the amount of capital gains or losses ... changes in the general level of prices ... the dispersion of individual price movements ... the terms, on which consumer credit is extended ... the introduction of new commodities ... advertising expenditures ... the rate of formation of new families ... the geographic mobility of the population ...".

26 Vgl. die zusammenfassende Darstellung aller in der Literatur diskutierten Formen von Einkommensvariablen bei Ismar, H., Lange, G., Schweinitz, H. von, Die Konsum- und Investitionsfunktion. Untersuchung für die Bundesrepublik Deutschland, Forschungsberichte des Landes Nordrhein-Westfalen, Nr. 1024, Köln und Opladen 1962, S. 269 ff.

27 Vgl. Duesenberry, J. S., Income, Saving and the Theory of Consumer Behavior, 3rd printing, Cambridge, Mass., 1959, S. 3.

schiedenen Gesellschaftsschichten und Berufsgruppen mit ihren abweichenden Bedarfsstrukturen sowie die zahlen- und altersmäßige Zusammensetzung der Konsumentenhaushalte.

Die Verbrauchsgüterpreise spielen in unserer Betrachtung eine doppelte Rolle: Einmal können wegen der unterschiedlichen Produktivitätsentwicklung in den einzelnen Wirtschaftsbereichen langfristig sich durchsetzende Änderungen der Preisrelationen entstehen[28], die je nach Höhe der direkten und Kreuzpreiselastizitäten die auf Grund der Einkommenselastizität zu erwartende Verbrauchsentwicklung modifizieren. Zum zweiten können mit wachsendem Einkommen nicht nur größere Gütermengen, sondern auch qualitativ bessere und daher teuerere Güter gekauft werden, so daß sich selbst bei konstantem Preissystem eine Qualitätselastizität errechnen läßt[29].

Einer Quantifizierung und Vorausschätzung völlig unzugänglich sind Änderungen der Bedarfsstruktur durch die Einführung modischer und technischer Neuheiten[30], die sicherlich zum Teil auch durch den Wachstumsprozeß induziert wird. Die langfristig abnehmende Einkommenselastizität aller Verbrauchsausgabenkategorien ist zugleich Voraussetzung und Folge der Nachfrage nach neuen Produkten[31].

b) Art und Umfang der Aussagen über die Verbrauchs- und Verbrauchsteuerentwicklung

Unsere Analyse der Verbrauchsstrukturänderungen ist auf den Vergleich von Veränderungsraten, also auf die Betrachtung von Elastizitäten in mehr oder minder strengem Sinn abgestellt. Da Aussagen oder Hypothesen über das Tempo des Einkommenswachstums in bestimmten Ländern und Perioden nicht gemacht werden, muß auch, von allen methodischen und statistischen Schwierigkeiten abgesehen, die absolute Höhe der Verbrauchsausgaben und des Verbrauchsteueraufkommens grundsätzlich außer Betracht bleiben. Letzteres wird außerdem von der

---

28 Vgl. Fourastié, J., a. a. O., S. 152 ff.

29 Eine derartige Qualitätselastizität bestünde natürlich nicht, wenn jede qualitativ bessere Ausführung als ein neues Gut betrachtet würde. Eine solch weitgehende Aufgliederung des Verbrauchsgütersortiments ist jedoch praktisch undurchführbar.

30 Vgl. Becker, E., Die Konsumtionsveränderung. Die Durchsetzung von Konsumtionsneuerungen in den Lebenshaltungsvorstellungen der sozialen Gruppen, Dissertation, Frankfurt a. M. 1945. — Meyer-Dohm, P., Der private Haushalt im Prozeß der Bedarfsdifferenzierung, in: Neumark, F. (Hrsg.), Strukturwandlungen einer wachsenden Wirtschaft, Schriften des Vereins für Socialpolitik NF, Bd. 30/I, a. a. O., S. 67 ff.

31 Vgl. Borchardt, K., Die Veränderlichkeit der Konsumgüterstruktur in der wachsenden Wirtschaft, in: Krelle, W. (Hrsg.), Theorien des einzelwirtschaftlichen und des gesamtwirtschaftlichen Wachstums, Schriften des Vereins für Socialpolitik NF, Bd. 34, Berlin 1965, S. 117 ff.

wechselnden Ausgestaltung der Steuertarife beeinflußt, von der zunächst vollkommen abgesehen wird. Erst wenn durch die Verbrauchsanalyse Anhaltspunkte für die Entwicklungstendenzen des Verbrauchs sowohl der besteuerten als auch der nicht besteuerten Güter gewonnen sind, sollen Erwägungen darüber angestellt werden, ob und inwieweit nach den Grundsätzen rationaler Steuerpolitik daraus die Notwendigkeit einer Änderung des Verbrauchsteuersystems abzuleiten ist.

B. Die Methoden zur Analyse der Verbrauchsstrukturwandlungen in einer wachsenden Wirtschaft

I. Überblick über die statistischen Möglichkeiten der Erfassung des privaten Konsums

1. Einzelwirtschaftliche Daten

Die zur Untersuchung des privaten Konsums und seiner Änderungstendenzen benötigten empirischen Daten können mit verschiedenen statistischen Verfahren ermittelt werden. Diese lassen sich gruppieren in solche, die vom Verbrauch einzelner Wirtschaftssubjekte bzw. Haushalte ausgehen, und in solche, die sich aggregierter Größen bedienen[1].

In der ersten Gruppe bestehen wiederum zwei Möglichkeiten:

a) Einmal kann man einzelne Haushalte des gleichen Typs — hinsichtlich ihrer Größe, Zusammensetzung und sozialen Stellung — auswählen und ihre Einkommen und Verbrauchsausgaben laufend verfolgen[2]. Auf diese Weise werden z. B. vom Statistischen Bundesamt die im Statistischen Jahrbuch und in „Wirtschaft und Statistik" veröffentlichten Haushaltsrechnungen von 4-Personen-Arbeitnehmerhaushalten der mittleren Einkommensschicht zusammengestellt. Die zu beobachtenden Verbrauchsverschiebungen müssen allerdings nicht allein durch die gleichzeitigen Einkommensänderungen verursacht, sondern können ebenso durch Preis- oder Geschmacksänderungen bedingt sein, die bei einer Auswertung der Ergebnisse noch explizit gemacht werden müßten.

b) Eine weitere Möglichkeit stellen die sogenannten Querschnittsanalysen dar. Die Ergebnisse einer genügend großen Verbrauchsstichprobe[3] werden im Idealfall so aufgegliedert, daß innerhalb der gebil-

---

1 Vgl. Müller, W., Lebenshaltungsniveau und Konsumverhalten, in: Behrendt, R. F., Müller, W., Sieber, H., Weber, M. (Hrsg.), Strukturwandlungen der Schweizerischen Wirtschaft und Gesellschaft, Festschrift für Fritz Marbach zum 70. Geburtstag, Bern 1962, S. 290 ff.

2 Vgl. Lorenz, Ch., Forschungslehre der Sozialstatistik, 3. Bd., Berlin 1964, S. 211 ff.

3 Die jüngste Verbrauchsstichprobe wurde in der Bundesrepublik in den Jahren 1962/63 durchgeführt; ihre Ergebnisse waren zum Zeitpunkt der Fertigstellung dieser Arbeit noch kaum ausgewertet. Vgl. Hamer, G., Müller-

deten Klassen nur der Faktor variabel ist, dessen Einfluß untersucht werden soll, wie z. B. die Einkommenshöhe. Entsprechend kann man für andere Faktoren verfahren. Häufig läßt das statistische Ausgangsmaterial jedoch eine strenge Isolierung der Einflußgrößen nicht zu, so daß gewisse Verzerrungen in Kauf genommen werden müssen.

Die Querschnittsanalyse hat den großen Vorteil, daß sie eine Variationsbreite der Einflußfaktoren umfassen kann, die im Zeitverlauf nur in sehr ausgedehnten Perioden beobachtet werden könnte, und daß, da alle Daten sich auf einen Zeitpunkt beziehen, Preis- und Geschmacksänderungen von vornherein ausgeschaltet sind.

Sollen die aus einer Querschnittsanalyse gezogenen Schlüsse auf eine zeitliche Entwicklung übertragen werden, so muß die schwerwiegende Voraussetzung gemacht werden, daß die Haushalte, die im Zuge der Entwicklung später in eine andere Gruppe aufrücken, sich genauso verhalten wie die Haushalte, die sich zum Zeitpunkt der Stichprobe bereits in dieser Gruppe befanden[4]. Diese Hypothese wird für langfristige Untersuchungen allgemein akzeptiert[5]. Sie ist zwar mit der Duesenberryschen These über die Abhängigkeit des Verbrauchs von der relativen Einkommensposition nicht vereinbar, doch kann mit dieser wegen der Komplexität des Phänomens in der empirisch orientierten Verbrauchsforschung sowieso nicht gearbeitet werden[6].

Soweit unsere Untersuchungen Anhaltspunkte für die Entwicklung des Verbrauchsteueraufkommens liefern sollen, sind mikroökonomische Verbrauchsanalysen nur dann von Interesse, wenn man von ihnen auf den gesamtwirtschaftlichen Verbrauch einzelner Güter schließen kann.

Die Ableitung makroökonomischer Funktionen aus einzelwirtschaftlichen Beziehungen gehört zu den schwierigsten Kapiteln der Wirtschaftstheorie. Um ein solches Aggregationsproblem exakt lösen zu können, müssen nicht nur alle einzelwirtschaftlichen Funktionen, sondern auch die Änderungen in der Verteilung der unabhängigen Variab-

---

Nagell, H., Der private Verbrauch nach Verwendungszwecken und Lieferbereichen, Wirtschaft und Statistik, H. 12, 1963, S. 714. — Zum methodischen Konzept s. Horstmann, K., Die Einkommens- und Verbrauchsstichprobe 1962, Wirtschaft und Statistik, H. 10, 1961, S. 563 ff. Auf einige spätere Veröffentlichungen wird in Teil C kurz Bezug genommen.

4 Vgl. u. a. Tintner, G., Einkommenselastizitäten im österreichischen Konsum. Ökonometrische Untersuchungen zur österreichischen Konsumerhebung 1954/55, Monatsberichte des Österreichischen Institutes für Wirtschaftsforschung, XXXII. Jg., Beilage Nr. 57, 1959, S. 3.

5 Vgl. Schmucker, H., Zur empirischen Bestimmung der Einkommensabhängigkeit der Nachfrage im Bereich des privaten Verbrauchs, Weltwirtschaftliches Archiv, Bd. 82, 1959, S. 178.

6 Vgl. Bössmann, E., Probleme einer dynamischen Theorie der Konsumfunktion, Berlin 1957, S. 52.

len eindeutig bestimmt sein[7]. Derartig strenge Bedingungen lassen sich nur in einem stark vereinfachten Modell einhalten, so daß für die empirische Verbrauchsforschung und Ökonometrie gilt, „daß dieses allgemeine Aggregationsproblem ... unlösbar ist, sofern nicht sehr einschneidende und damit vielfach unrealistische Zusatzannahmen gemacht werden“[8].

Das Aggregationsproblem stellt sich jedoch gar nicht, wenn man von der Voraussetzung ausgehen kann, die beobachteten Haushalte seien „repräsentativ“ in dem Sinn, daß sie zu dem in der Volkswirtschaft am häufigsten vertretenen Typ gehören und somit durch ihr Verhalten die Makrogrößen entscheidend bestimmen. Durch diese Unterstellung wird aus einem mathematischen Problem eine Ermessensfrage, die freilich nicht minder schwierig zu entscheiden ist, aber immerhin in der Praxis irgendwie entschieden wird, so daß zwar angreifbare, aber doch der Tendenz nach richtige Schlußfolgerungen für die Entwicklung der Makrogrößen möglich sind[9].

2. Gesamtwirtschaftliche Daten

Solange die Volkswirtschaftlichen Gesamtrechnungen keine oder nur eine sehr grobe Aufteilung der privaten Konsumausgaben auf die verschiedenen Verbrauchsgüter aufweisen[10], machen die sogenannten marktstatistischen Zeitreihen den größten Teil der Information über den gesamtwirtschaftlichen Verbrauch einzelner Güter aus. Solche zusammenhängenden Zahlenreihen über längere Zeiträume hinweg werden jedoch selten direkt zum Zweck der Verbrauchsforschung erstellt[11]. Es müßte daher auf Umsatz- und Produktionsstatistiken zurückgegriffen werden, aus denen der inländische Verbrauch behelfsweise durch Berücksichtigung der Lagerveränderung und des Außenhandelssaldos errechnet werden kann[12]; die von den Ausgabenkategorien der Verbrauchsstatistik abweichende Branchengliederung und die mit eingeschlossenen Umsätze für nicht-konsumtive Zwecke schränken die Aussagekraft dieser Daten jedoch ein.

---

7 Vgl. Wolff, P. de, Income Elasticity of Demand, a micro-economic and a macro-economic interpretation, The Economic Journal, vol. LI, 1941, S. 140 ff. — Bössmann, E., a. a. O., S. 70 ff.

8 Schmucker, H., a. a. O., S. 214.

9 Das Statistische Bundesamt wählt bei seinen oben erwähnten laufend veröffentlichten Haushaltsrechnungen jeweils die Haushalte aus, deren Einkommen dem volkswirtschaftlichen Durchschnitt entspricht.

10 In der Volkswirtschaftlichen Gesamtrechnung für die Bundesrepublik Deutschland ist der private Verbrauch 1964 erstmalig — allerdings auch für einige zurückliegende Jahre — in neun Ausgabenkategorien untergliedert worden.

11 Eine Ausnahme bilden in der Bundesrepublik die Statistiken über den Verbrauch ausgewählter Nahrungs- und Genußmittel.

12 Vgl. Lorenz, Ch., a. a. O., S. 216 ff.

Die Berechnung von Elastizitäten aus Zeitreihen stößt auf erhebliche Schwierigkeiten, da sich in ihnen alle nur denkbaren ökonomischen und außerökonomischen Einflüsse vereinigen. Häufig werden Zeitreihen nur zur Schätzung von Preiselastizitäten verwendet, wobei die Einkommenseinflüsse durch Berücksichtigung der aus Budgetuntersuchungen gewonnenen Einkommenselastizitäten[13] und das Bevölkerungswachstum durch eine Pro-Kopf- bzw. Vollpersonenrechnung ausgeschaltet werden können. Die Auswirkungen von Änderungen der Einkommensstruktur können auch hier quantitativ kaum erfaßt werden.

Schließlich ist auch für volkswirtschaftliche Globalziffern eine Art Querschnittsanalyse auf internationaler Basis möglich[14]. Vergleicht man den Verbrauch einzelner Güter im gleichen Zeitpunkt in Ländern mit verschieden hohem Lebensstandard, so kann man bis zu einem gewissen Grade daraus auf die Entwicklung in einem Land mit expandierender Wirtschaft schließen. Noch stärker als bei nationalen Zeitvergleichen können jedoch Verschiedenheiten in der Einkommensverteilung und Preisstruktur sowie klimatisch, gesellschaftlich und traditionell bedingte Unterschiede in den Verbrauchsgewohnheiten das Bild verzerren. Zu diesen sachlichen Unterschieden kommen noch Abweichungen in den statistischen Erfassungsmethoden, die die Vergleichbarkeit der Daten weiter beeinträchtigen.

Von allen Formen der Verbrauchsanalyse hat sich die Querschnittsuntersuchung trotz aller Einschränkungen als die ergiebigste und zuverlässigste erwiesen. Sie wird daher auch meistens zur Verifizierung der Theorie der Engel-Kurven verwendet, die den am besten formalisierten Beitrag zur Erforschung der Einkommensabhängigkeit der Verbrauchsstruktur darstellt und die im nächsten Abschnitt in ihren Grundzügen behandelt werden soll.

II. Die Theorie der Engel-Kurven

1. Wesen und Auswahlkriterien der Engel-Kurven

„Mit ‚Engel-Kurven' werden graphische Darstellungen der Beziehungen zwischen der Höhe der Verbrauchsausgaben oder -mengen und alternativen Höhen des Einkommens eines Haushalts bezeichnet. Im weiteren Sinne wird der Begriff auch auf die algebraischen Formulie-

---

[13] So z. B. Stone, R., The Measurement of Consumers' Expenditure and Behavior in the United Kingdom 1920—1938, vol. I, Cambridge 1954.

[14] Vgl. z. B. Dewhurst, J. F., Coppock, J. O., Yates, P. L., u. a., Europe's Needs and Resources. Trends and Prospects in Eighteen Countries, New York 1961.

rungen dieser Beziehungen angewendet[15]." Der Name wurde zuerst von Ragnar Frisch in Verallgemeinerung der im Engelschen Gesetz zum Ausdruck kommenden Betrachtungsweise geprägt[16].

Die Engel-Kurven lassen sich theoretisch aus den Indifferenzkurven und den Bilanzgeraden eines Haushalts ableiten[17]. Es kann jedoch nicht erwartet werden, daß sie bei unmittelbarer Zugrundelegung empirischer Werte eine durch eine mathematische Funktion beschreibbare Form aufweisen. Um zu allgemeinen Aussagen zu kommen, müssen mit Hilfe statistisch-ökonometrischer Verfahren Regressionslinien gefunden werden, für die die Abweichungen der Funktionswerte von den Beobachtungswerten ein Minimum betragen[18]. Dabei ist es möglich, daß für die zur Regressionsanalyse verwendeten Daten, besonders wenn sie nur in einem begrenzten Bereich der Funktion liegen, mehrere Kurventypen einen Grad der Annäherung aufweisen, der vom Standpunkt statistischer Toleranzkriterien durchaus befriedigend ist. Bei der Auswahl des Funktionstyps müssen deshalb ökonomische Kriterien mit berücksichtigt werden, bzw. solche mathematischen Eigenschaften der Kurven, die ökonomisch interpretierbar sind[19].

Die wichtigsten Charakteristika einer Engel-Kurve, die den ökonomischen Zusammenhängen angemessen sein müssen, sind das Steigungsmaß und die Elastizität, wobei es hier zunächst nicht auf deren absolute Höhe ankommt — dies ist eine Frage der Parameterbestimmung —, sondern auf ihre Entwicklung entlang der Kurve. Relativ einfache und daher häufig verwendete Kurventypen, wie lineare und solche mit konstanter Elastizität, erweisen sich als weniger geeignet, wenn sie nicht nur das Verbrauchsverhalten bestimmter Einkommensschichten beschreiben, sondern die gesamte Einkommensskala decken sollen. Kurven, die den Sachverhalt bei höheren Einkommen gut wiedergeben, können im unteren Bereich einen ökonomisch nicht adäquaten Verlauf und Schnittpunkt mit den Achsen des Koordinatensystems aufweisen, während umgekehrt bei guter Anpassung bei niedrigen und mittleren Einkommen u. U. im oberen Einkommensbereich keine Abflachung der Kurve auf ein gewisses Sättigungsniveau hin berücksichtigt werden

---

15 Klatt, S., Die Theorie der Engel-Kurven, Jahrbuch für Sozialwissenschaft, Bd. 4/10, 1959, S. 275.

16 Vgl. Frisch, R., New Methods of Measuring Marginal Utility, Tübingen 1932, S. 18.

17 Vgl. Hicks, J. R., Value and Capital, 2nd ed., Oxford 1946, S. 27 f. — Stackelberg, H. von, Grundlagen der theoretischen Volkswirtschaftslehre, 2. Aufl., Tübingen und Zürich 1951, S. 145 f. — Richter, R., Preistheorie, Wiesbaden 1963, S. 37 f. — Sauermann, H., Einführung in die Volkswirtschaftslehre, Bd. II, Wiesbaden 1964, S. 50 f.

18 Vgl. Prais, J. S., Non-Linear Estimates of the Engel-Curves, The Review of Economic Studies, vol. XX, 1952/53, S. 88 f.

19 Vgl. Klatt, S., a. a. O., S. 292.

kann. Einen Ausweg bietet hier neben der Verwendung mathematisch komplizierterer Funktionen das Verfahren, die Engel-Kurven abschnittsweise aus mehreren einfachen Funktionstypen zusammenzusetzen.

Besonders im Falle der Hypothese, daß grundsätzlich für alle Güterkategorien die gleiche Kurvenform typisch und nur der bei einem bestimmten Einkommen bereits erreichte Sättigungsgrad unterschiedlich sei[20], müssen Engel-Kurven mit variierender Steigung und Elastizität gewählt werden. Dabei ergibt sich eine weitere Schwierigkeit, wenn nicht nur der Verbrauch ausgewählter Güter betrachtet, sondern der Gesamtverbrauch vollständig aufgegliedert werden soll. Die Summe aller Engel-Kurven-Werte muß dann jeweils die Gesamtausgaben bzw. bei Einbeziehung des Sparens und der direkten Steuern das Einkommen ausmachen. Diesem sogenannten „adding-up"-Kriterium wird nur unter ganz speziellen Bedingungen Genüge getan[21]. Bei einer Analyse des Verbrauchs unter dem Gesichtspunkt der Verbrauchsbesteuerung kann dieses Problem vernachlässigt werden, weil durchaus nicht alle Engel-Kurven dem gleichen Funktionstyp entsprechen müssen und die Entwicklung irgendwelcher Restgrößen unberücksichtigt bleiben kann.

Für die Auswahl des Kurventyps kann weiterhin entscheidend sein, ob Verbrauchsausgaben oder -mengen analysiert werden sollen. Funktionen ohne Sättigungsniveau lassen sich für Ausgabenkurven eher vertreten, da sich die Elastizität der Ausgaben zusammensetzt aus der Elastizität des Mengenverbrauchs und der Elastizität der Preise:

$$A_i = p_i(Y) \cdot x_i \left[Y, \, p_i(Y) \right] \qquad \begin{aligned} A_i &= \text{Ausgaben für das Gut } i \\ p_i &= \text{Preis des Gutes } i \\ x_i &= \text{Menge des Gutes } i \end{aligned}$$

$$dA_i = \frac{\partial p_i}{\partial Y} dY \cdot x_i + p_i \left(\frac{\partial x_i}{\partial Y} dY + \frac{\partial x_i}{\partial p_i} \cdot \frac{\partial p_i}{\partial Y} dY \right)$$

$$\frac{dA_i}{dY} \cdot \frac{Y}{A_i} = \frac{\partial p_i}{\partial Y} \cdot \frac{Y}{p_i} + \frac{\partial x_i}{\partial Y} \cdot \frac{Y}{x_i} + \frac{\partial x_i}{\partial p_i} \cdot \frac{p_i}{x_i} \cdot \frac{\partial p_i}{\partial Y} \cdot \frac{Y}{p_i}$$

$$= \frac{\partial x_i}{\partial Y} \cdot \frac{Y}{x_i} + \frac{\partial p_i}{\partial Y} \cdot \frac{Y}{p_i} \cdot \left(1 + \frac{\partial x_i}{\partial p_i} \cdot \frac{p_i}{x_i} \right)^{22} .$$

---

[20] Vgl. Aitchison, J., Brown, J. A. C., A Synthesis of Engel Curve Theory, The Review of Economic Studies, vol. XXII, 1954/55, S. 35 ff.

[21] Vgl. dazu die Diskussion bei Prais, S. J., a. a. O., Champernowne, D. G., Worswick, G. D. N., A Note on the Adding-up Criterion, The Review of Economic Studies, vol. XXII, 1954/55, S. 57 ff., und Prais, S. J., Houthakker, H. S., The Analysis of Family Budgets, Cambridge 1955, S. 83 f.

[22] Bei Querschnittsanalysen stellt $\partial p_i/\partial Y \cdot Y/p_i$ die Qualitätselastizität dar, $\partial x_i/\partial p_i \cdot p_i/x_i$ ist gleich Null. Bei Zeitreihendaten umfaßt $\partial p_i/\partial Y \cdot Y/p_i$ auch wachstumsbedingte Änderungen der relativen Preise, $\partial x_i/\partial p_i \cdot p_i/x_i$ ist die übliche Preiselastizität der Nachfragemenge.

In zahlreichen Untersuchungen wird bei der Konstruktion der Engel-Kurven aus Gründen der leichteren statistischen Erfaßbarkeit der Verbrauch einzelner Güter nicht zum Einkommen, sondern zur Gesamtkonsumsumme in Beziehung gesetzt. Häufig wird dabei unterstellt, daß die Sparquote konstant sei[23]. Nur unter dieser Voraussetzung weisen die auf das Einkommen und die auf die Gesamtausgaben bezogenen Engel-Kurven den gleichen Elastizitätsverlauf auf; andernfalls unterscheiden sie sich je nach der Höhe der Elastizität des Gesamtverbrauchs in bezug auf das Einkommen, da sich aus der Beziehung

$$C_i = C_i \left[C_G (Y) \right]$$

C_i = Verbrauch des Gutes i
C_G = Gesamtverbrauch

ableiten läßt:

$$\frac{dC_i}{dY} \cdot \frac{Y}{C_i} = \frac{\partial C_i}{\partial C_G} \cdot \frac{C_G}{C_i} \cdot \frac{\partial C_G}{\partial Y} \cdot \frac{Y}{C_G} \; .$$

Im folgenden Abschnitt sollen einige Funktionstypen, durch die die allgemeine Form der Engel-Kurven $C_i = C_i (Y)$ spezifiziert werden kann, im einzelnen dargestellt werden.

2. Diskussion einiger Kurventypen

a) Lineare Kurven

Die einfachste Form einer Engel-Kurve, die z. B. von Allen und Bowley verwendet wurde[24], ist die Gerade, mit Hilfe einer Formel ausgedrückt:

$$C_i = a + bY$$ [25]

Die Steigung der Kurve (marginale Konsumquote für das spezielle Gut i) ist immer gleich der Konstanten b; in bezug auf den Parameter a lassen sich drei Unterfälle unterscheiden:

1. $a = 0$:

---

[23] z. B. Tintner, G., a. a. O., S. 4 f. — Schmucker, H., a. a. O., S. 179.

[24] Vgl. Allen, R. G. D., Bowley, A. L., Family Expenditure. A Study of its Variation, London 1935, S. 2 ff.

[25] In den in diesem Abschnitt dargestellten Formeln wird stets Y für die unabhängige, C_i für die abhängige Variable verwendet, gleichgültig ob darunter Einkommen oder Gesamtausgaben bzw. Verbrauchsmenge oder Ausgabenbetrag zu verstehen ist.

Die Kurve geht durch den Nullpunkt des Koordinatensystems, der Anteil von C_i am Einkommen Y bleibt konstant, die Elastizität

$$\frac{dC_i}{dY} \cdot \frac{Y}{C_i} = \frac{bY}{a+bY}$$

ist entlang der gesamten Kurve gleich Eins.

2. $a > 0$:

Die Engel-Kurve schneidet die C_i-Achse, d. h. bei sehr kleinen Einkommen wird entspart; der Anteil von C_i an Y nimmt mit wachsendem Y ab, die Elastizität nimmt zu und nähert sich, wie aus obenstehender Formel zu ersehen ist, immer mehr dem Wert Eins.

3. $a < 0$:

Die Kurve schneidet die Y-Achse, d. h. das Gut wird überhaupt erst von einem gewissen Initialeinkommen ab konsumiert; der Anteil C_i/Y nimmt mit wachsendem Einkommen zu, die Elastizität sinkt gegen Eins, jedoch niemals darunter.

Ein Sättigungsniveau, bei dem die Elastizität gegen Null tendiert, ist in keinem der drei Fälle vorhanden.

Außer Allen und Bowley verwendeten auch Bickel und Leser[26] lineare Funktionen zur Analyse des Verbraucherverhaltens. Sie stellten anhand von Zürcher Angestelltenhaushaltsrechnungen fest, daß das konstante Glied a bei den Ausgaben für Nahrung, Miete, Heizung und Beleuchtung positiv, bei allen anderen Ausgabenkategorien negativ sei.

Alle genannten Autoren erkannten jedoch, daß lineare Engel-Kurven nur für begrenzte Einkommensbereiche, und zwar hauptsächlich für die mittleren, eine befriedigende Annäherung an die tatsächlich beobachteten Werte aufweisen. In späteren Untersuchungen wird daher meist von gekrümmten Kurventypen ausgegangen.

b) *Doppelt-logarithmische Kurven*

Grundsätzlich könnte jede beliebige Krümmung einer Engel-Kurve durch ein Polynom entsprechend hoher Ordnung in der Form

$$C_i = a + bY + fY^2 + gY^3 + \ldots + mY^n$$

dargestellt werden. Ein solcher Ausdruck enthält jedoch eine zu große Zahl schwer zu bestimmender Parameter, so daß die ökonometrische Forschung auf Funktionen mit möglichst wenig Parametern zurück-

[26] Vgl. Bickel, W., Leser, C., Gesetzmäßigkeiten der Einkommensverwendung, Zeitschrift für Schweizerische Statistik und Volkswirtschaft, Jg. 75, 1939, S. 59 ff.

greifen muß, die trotzdem die gewünschte Krümmung mit guter Annäherung wiedergeben[27].

Sehr häufig verwendet werden sogenannte doppelt-logarithmische Funktionen:

$$\log C_i = a + b \log Y$$

oder, in arithmetischer Form geschrieben,

$$C_i = e^a \cdot Y^b$$ [28].

Dieser Kurventyp weist abnehmende Durchschnitts- und Grenzneigung auf, wenn b kleiner als Eins ist; ein Initialeinkommen kann nicht berücksichtigt werden. Die Elastizität ist immer gleich b, unabhängig von der Einkommenshöhe. Die letzte Eigenschaft erweist sich als besonders vorteilhaft für einen Vergleich von Ergebnissen verschiedener Untersuchungen; das Fehlen einer Sättigungsgrenze ist jedoch bei vielen Gütern, insbesondere für die Betrachtung des Mengenverbrauchs über weite Einkommensbereiche, von Nachteil. Am besten eignen sich doppelt-logarithmische Kurven für die Ausgabenfunktionen von Gütern mit hoher Qualitätselastizität, deren Sättigungsniveau so hoch liegt, daß es für die Masse der Einkommensbezieher noch nicht wirksam wird, wie bei Luxusgütern und Gütern des kulturellen Bedarfs[29]. Sie sind auch dann als Annäherung von praktischem Nutzen, wenn die beobachtbare Elastizitätsabnahme so gering ist, daß sie bei Verwendung anderer Kurventypen als zu groß erscheinen würde[30]. Elastizitäten der Ausgaben für einzelne Güter von größer als Eins, die auch bei sehr hohen Einkommen nicht abnehmen, sind allerdings schon aus logischen Gründen nicht denkbar, da diese Ausgaben schließlich das gesamte Einkommen beanspruchen müßten[31].

c) Semi-logarithmische Kurven

Von den Funktionen mit abnehmender Elastizität sind als erste die sogenannten halb-logarithmischen zu erwähnen:

$$C_i = a + b \log Y .$$

---

27 Vgl. Prais, S. J., Houthakker, H. S., a. a. O., S. 86.

28 $e = 2{,}71828\ldots$ ist die Basis der natürlichen (auch mit ln bezeichneten) Logarithmen, die in theoretischen Darlegungen wegen der größeren Einfachheit der Ableitungen meist benutzt werden. Verwendet man bei empirischen Untersuchungen dekadische Logarithmen, so ist zu beachten, daß

$$^{e}\log x = \frac{^{10}\log x}{^{10}\log e} \text{ ist.}$$

29 Vgl. Prais, S. J., Houthakker, H. S., a. a. O., S. 99.

30 Vgl. Methoden zur Vorausschätzung der Wirtschaftsentwicklung auf lange Sicht. Bericht einer Sachverständigengruppe, Statistisches Amt der Europäischen Gemeinschaften, Statistische Informationen, Nr. 6, 1960, S. 665.

31 Vgl. Niehans, J., a. a. O., S. 27.

Sie besitzen abnehmende Grenzneigung ($dC_i/dY = b/Y$) und abnehmende Elastizität ($dC_i/dY \cdot Y/C_i = b/(a + b \log Y)$), lassen jedoch kein Initialeinkommen und kein Sättigungsniveau zu. Trotzdem wird dieser Funktionstyp gern für die Engel-Kurven lebensnotwendiger Güter verwendet[32], zumal da bei ihm die Kurvenkrümmung über weite Einkommensbereiche hin nicht stark von der asymptotisch verlaufender Kurven abweicht, die im folgenden aufgeführt werden.

d) *Hyperbolische Kurven*

Engel-Kurven von der Form

$$C_i = a - \frac{b}{Y}$$

weisen ein Initialeinkommen, abnehmende Grenzneigung und abnehmende Elastizität auf; C_i nähert sich mit wachsendem Einkommen immer mehr dem Sättigungsniveau a an, ohne es bei endlichem Einkommen jemals ganz zu erreichen[33]. Da C_i also einen bestimmten endlichen Wert nie übersteigt, empfiehlt sich dieser Funktionstyp besonders zur Darstellung des Mengenverbrauchs. Für die Regressionsanalyse ergeben sich jedoch erhebliche Schwierigkeiten, den Parameter a anhand der verfügbaren Daten zutreffend zu schätzen.

e) *Sigmoide Kurven*

Sowohl semi-logarithmische als auch hyperbolische Engel-Kurven besitzen mit dem Einkommen variierende Elastizitäten, die von Werten größer als Eins zu solchen kleiner als Eins übergehen. Betrachtet man die Höhe der Elastizität als Kriterium der Einteilung der Verbrauchsgüter in Notwendigkeits- und Luxusgüter, wobei die Grenze bei einer Elastizität von Eins zu ziehen ist, so steht der Verlauf dieser beiden Kurventypen durchaus mit der These in Einklang, daß der Notwendigkeits- oder Luxuscharakter nicht eine immanente Eigenschaft eines Gutes, sondern von der Einkommenshöhe abhängig ist. Dieser Sachverhalt wird noch deutlicher demonstriert durch die sogenannten sigmoiden Engel-Kurven, deren Grenz- und Durchschnittsneigung zunächst steigen und erst von einer bestimmten Einkommenshöhe ab zu sinken beginnen. Ihre Gleichung lautet:

$$\log C_i = a - \frac{b}{Y}$$ [34].

[32] Vgl. Prais, S. J., Houthakker, H. S., a. a. O., S. 96.

[33] Eine ansteigende Kurve, die bereits im Endlichen ein Sättigungsniveau erreicht, kann nicht mit Hilfe eines einheitlichen mathematischen Ausdrucks beschrieben werden.

[34] Es sei darauf hingewiesen, daß sigmoide Kurven auch noch durch andere Funktionen beschrieben werden können, z. B. durch eine kumulierte Gaußsche Verteilungsfunktion. Vgl. Aitchison, J., Brown, J. A. C., a. a. O., S. 36 ff.

e^a gibt die Höhe des Sättigungsniveaus an; die Steigung nimmt bis zum Punkt $Y = \frac{b}{2}$ zu und beginnt dann zu fallen; die Elastizität ist für $Y < b$ größer, für $Y > b$ kleiner als Eins.

Den sigmoiden Engel-Kurven wird von den Autoren, die sich mit ihnen beschäftigt haben, der unbedingte Vorzug gegeben, obwohl ein positives Initialeinkommen nicht berücksichtigt werden kann.

Die Tatsache, daß es eine für alle Güterkategorien und für jedes Ausgangsmaterial geeignete Idealform der Engel-Kurven offenbar nicht gibt, führt dazu, daß in ökonometrischen Analysen nach wie vor die verschiedensten Typen verwendet werden. Dadurch wird der Vergleich der Ergebnisse verschiedener Untersuchungen sehr erschwert; sogar für dasselbe Ausgangsmaterial ergeben sich bei unterschiedlichen Regressionsfunktionen beachtliche Divergenzen der Elastizitäten, wie folgendes Beispiel zeigt:

Tabelle 1[a)]

Form der Regressionsfunktion	Einkommenselastizität für Fleisch bei einem Einkommen von . . .		
	£ 40	£ 60	£ 100
linear	0,38	0,51	0,60
doppelt-log.	0,69	0,69	0,69
semi-log.	0,84	0,62	0,48
hyperbolisch	0,95	0,44	0,24
sigmoid	0,92	0,53	0,37

a) *Quelle:* Prais, S. J., Houthakker, H. S., a. a. O., S. 94.

3. Verfeinerungen der Engel-Kurven-Theorie

In der bisher geschilderten Form enthielten die Funktionen der Engel-Kurven das Haushaltseinkommen als einzige unabhängige Variable. Neben qualitativen Einflußfaktoren, wie soziale Stellung und persönlicher Geschmack, gibt es jedoch noch eine verbrauchsbestimmende Variable, die sich relativ gut quantifizieren läßt, nämlich die Zusammensetzung des Haushalts nach Zahl, Alter und Geschlecht seiner Mitglieder.

a) Der Einfluß der Haushaltsgröße auf den Verbrauch

Sieht man zunächst von den Unterschieden in den Bedürfnissen von Erwachsenen, Jugendlichen und Kindern einer- und von Männern und Frauen andererseits ab, so läßt sich die Zahl der Haushaltsmitglieder am leichtesten berücksichtigen bei Zugrundelegung der sogenannten Homogenitätshypothese, die besagt, daß der Pro-Kopf-Verbrauch innerhalb eines Haushalts nur vom Pro-Kopf-Einkommen abhängig sei[35]. Die Funktion einer doppelt-logarithmischen Engel-Kurve lautet dann[36]:

$$n \log \frac{C_i}{n} = n \cdot \left(a + b \log \frac{Y}{n}\right) \qquad n = \text{Zahl der Haushaltsmitglieder}$$

oder

$$\log C_i = a + b\,(\log Y - \log n) + \log n$$

$$= a + b \log Y + (1 - b) \log n$$

oder

$$C_i = e^a \cdot Y^b \cdot n^{1-b} \ .$$

Die Engel-Kurve zeigt hier die typische Form einer linear-homogenen Funktion, wie sie in der Produktionstheorie als Cobb-Douglassche Produktionsfunktion bekannt ist. Diese ist charakterisiert durch die sogenannten „constant returns to scale". In unserer Engel-Kurven-Theorie bedeutet dies, daß bei relativ gleicher Zunahme von Haushaltseinkommen und Kopfzahl der Pro-Kopf-Verbrauch eines Gutes konstant bleibt, daß also auch bei größeren Familien keine Einsparungen beim Pro-Kopf-Verbrauch möglich sind, ohne das Lebenshaltungsniveau der Familie zu senken.

Die Annahme der Unmöglichkeit von „economies of scale" im Verbrauch eines Haushalts erscheint jedoch für viele Güter als unrealistisch, besonders wenn man an die Ausgaben für Wohnung, Heizung, technische Geräte usw. denkt; aber auch für kurzlebige Verbrauchsgüter trifft sie häufig nicht zu.

Finden „economies of scale" statt, dann muß der Exponentialkoeffizient von n kleiner als $1 - b$ sein. Es gilt dann:

$$C_i = e^a \cdot Y^b \; n^g - e^a \cdot Y^b \cdot n^{1-b-f} \ , \qquad f > 0 \ .$$

Außer der spezifischen Wirkung einer Verminderung des Pro-Kopf-Verbrauchs bei konstantem Pro-Kopf-Einkommen und wachsender Familiengröße haben die „economies of scale" auch einen Einkommenseffekt: Der größere Haushalt kann die bei einzelnen Gütern eingesparten Beträge in einer seinen Einkommenselastizitäten entsprechenden Aufteilung für alle von ihm konsumierten Güter zusätzlich verausgaben. Dadurch wird ein Teil des spezifischen Effektes wieder kompensiert, aber ein höherer Lebensstandard erreicht.

---

[35] Vgl. Prais, S. J., Houthakker, H. S., a. a. O., S. 88 f.

[36] Die weiteren Ausführungen gelten analog für jede andere Form der Engel-Kurven.

Diese beiden Effekte, die in der obenstehenden Form der Engel-Kurve gemeinsam in dem Exponenten f enthalten sind, erscheinen in folgendem Ansatz isoliert:

$$\frac{C_i}{n^{1-s_i}} = e^a \left(\frac{Y}{n^{1-s_y}} \right)^b \quad ^{37} .$$

s_i mißt den spezifischen, s_y den Einkommenseffekt der „economies of scale". Durch Umformung ergibt sich:

$$C_i = e^a \cdot Y^b \cdot n^{b\,(s_y-1)+1-s_i}$$

$$= e^a \cdot Y^b \cdot n^{1-b-(s_i-bs_y)}$$

Es ist also:

$$f = s_i - bs_y \ .$$

b) Der Einfluß der Haushaltsstruktur auf den Verbrauch

Die Berücksichtigung der bisher ausgeklammerten Bedürfnisunterschiede bei Personen verschiedenen Alters und Geschlechts setzt die Aufstellung von Äquivalenzskalen voraus, die den verschiedenen Personentypen ein bestimmtes relatives Gewicht für die Verbrauchsentscheidungen des Haushalts beimessen.

Darin hatte sich bereits Ernst Engel versucht, dessen Vorschlag, einem neugeborenen Kind den Wert von einem Quet[38] zuzuerkennen und diesem Wert für jedes Lebensjahr 0,1 hinzuzufügen, bis der Wert des erwachsenen Mannes von 3,5 und der der erwachsenen Frau von 3,0 Quet erreicht ist, sich nicht durchsetzen konnte.

Mittlerweile hat man erkannt, daß für den Verbrauch verschiedener Güter bzw. Güterkategorien verschiedene spezifische Äquivalenzskalen verwendet werden müssen. Die praktische Statistik konzentriert ihr Interesse allerdings zumeist auf den Nahrungsmittelsektor, da hier ernährungsphysiologisch begründete Normvorstellungen mit herangezogen werden können[39].

---

37 Ähnlich bei Prais, S. J., Houthakker, H. S., a. a. O., S. 149 f.

38 Die Bezeichnung war als eine Huldigung für den von ihm sehr verehrten Statistiker Quetelet gedacht. Vgl. Engel, E., a. a. O., S. 4 ff.

39 Das Statistische Reichsamt stützte sich auf eine in Zusammenarbeit mit dem Reichsgesundheitsamt entwickelte Skala für die bei den Ernährungsausgaben den verschiedenen Personentypen beizumessenden Werte, die durch Schätzungen für die sonstigen Ausgaben ergänzt wurden:

Ernährung

	männlich	weiblich
bis zum 9. Lebensjahr	50	50
10.—14. Lebensjahr	75	75
vom 15. Lebensjahr ab	100	90

In der Theorie nimmt unsere doppelt-logarithmische „Muster“-Engel-Kurve bei Einbeziehung von spezifischen Äquivalenzskalen das folgende Aussehen an:

$$\frac{C_i}{\left(\sum_{t=1}^{t} k_{it}\cdot n_t\right)^{1-s_i}} = e^a \left[\frac{Y}{\left(\sum_{t=1}^{t} k_{yt}\cdot n_t\right)^{1-s_y}}\right]^b$$ [40]

n_t symbolisiert die Zahl der Personen vom Typ t, k_{it} den Wert des Typs t innerhalb der spezifischen Äquivalenzskala für das Gut i, k_{yt} den Wert des Typs t innerhalb der auf das Einkommen bzw. die Gesamtausgaben bezogenen Skala. k_{yt} entspricht dem gewogenen Durchschnitt aller k_{it}.

Sonstige Lebensbedürfnisse

	männlich	weiblich
bis zum 5. Lebensjahr	20	20
6.— 9. Lebensjahr	30	30
10.—14. Lebensjahr	50	50
15.—19. Lebensjahr	70	70
vom 20. Lebensjahr ab	100	90

Vgl. Die Lebenshaltung von 2000 Arbeiter-, Angestellten- und Beamtenhaushaltungen, Einzelschriften zur Statistik des Deutschen Reichs, Nr. 22/I, Berlin 1932, S. 12.

Das Statistische Bundesamt verwendet für die Ernährungsausgaben eine vom Max-Planck-Institut für Arbeitsphysiologie entwickelte, sehr detaillierte Skala, nach der sich die Äquivalenzziffern jeweils als Produkt aus einem Alters- und Berufsfaktor ergeben. Vgl. Umdruck des Statistischen Bundesamtes VI/4 - D 50 - vom Mai 1954.

Bei der Einkommens- und Verbrauchsstichprobe 1962 wurde folgende vereinfachte Skala zugrunde gelegt:

Kinder	
unter 2 Jahre	0,2
2— 3 Jahre	0,3
4— 5 Jahre	0,4
6— 7 Jahre	0,5
8— 9 Jahre	0,6
10—11 Jahre	0,7
12—13 Jahre	0,8
Männer	
14—59 Jahre	1,0
über 60 Jahre	0,8
Frauen	
14—59 Jahre	0,8
über 60 Jahre	0,8

Zu weiteren Möglichkeiten der Skalenbildung siehe die in der oben genannten Einzelschrift zur Statistik des Deutschen Reichs, S. 11, enthaltene internationale Übersicht sowie: Tough, E. G., Kirkpatrick, E. L., Scales for Measuring the Standard of Living, Journal of the American Statistical Association, vol. XXVIII, 1933, S. 55 ff. — Stone, R., a. a. O., S. 415 f. — Prais, S. J., Houthakker, H. S., a. a. O., S. 126 ff. und die dort angegebene Literatur.

[40] Vgl. Prais, S. J., Houthakker, H. S., a. a. O., S. 166.

Eine weitere Spezifizierung der Einflüsse von Haushaltsgröße und -struktur könnte u. E. in der Richtung erfolgen, daß etwaige von Einkommensänderungen abhängige Veränderungen der Äquivalenzskalen berücksichtigt würden. Angesichts der Schwierigkeiten, hier zuverlässige statistische Maßzahlen zu ermitteln, soll dieser Gedanke nicht weiter verfolgt werden.

c) Soziale Einflußfaktoren

„Gänzlich unbefriedigend ist nach dem gegenwärtigen Stand die Verallgemeinerung der Engel-Kurven-Theorie durch die Einbeziehung nichtökonomischer Bestimmungsgrößen"[41], wobei besonders an die konsumbestimmenden Einflüsse des sozialen Status, der Beschäftigungsart und des Standorts zu denken ist. Häufig sind Veränderungen dieser Faktoren eng mit Einkommensänderungen verbunden — so ist z. B. auch das Durchschnittseinkommen höherstehender sozialer Gruppen größer —, manchmal bewirken sie aber auch bei gleichem Einkommen Unterschiede in der Konsumstruktur — körperlich Arbeitende haben z. B. einen höheren Verbrauch an bestimmten Grundnahrungsmitteln, auf dem Lande können die Ausgaben für Wohnung und landwirtschaftliche Produkte geringer, für Transportmittel aber höher sein usw.[42]. Die These, daß Arbeiterfamilien auch wegen größerer Unsicherheit über ihre zukünftige Einkommensentwicklung eine andere Konsumstruktur aufweisen als vermögensbesitzende Angehörige der Mittelklasse mit gleichem Gegenwartseinkommen, hat u. E. in der modernen Wohlstandsgesellschaft keine Bedeutung mehr.

Obwohl soziale Einflußfaktoren kaum quantifizierbar sind und in der Theorie der Engel-Kurven noch kaum der Versuch gemacht wurde, sie mit Hilfe der Forschungsergebnisse anderer Wissenschaftszweige, wie der Soziologie und der Standorttheorie, zu bestimmen[43], führt allein die Erkenntnis ihrer Existenz zu einer Verbesserung der Elastizitätsberechnungen insofern, als bei Querschnittsanalysen jeweils in bezug auf diese Faktoren homogene Gruppen ausgewählt werden können und damit wenigstens eine bessere Isolierung der Einkommenswirkungen erreicht wird.

d) Die Konstruktion von Quasi-Engel-Kurven

In Anlehnung an Untersuchungen über den Zusammenhang zwischen Bargeldhaltung und Vermögen wurden Versuche unternommen, auch zwischen den Beständen an einzelnen dauerhaften Konsumgütern und

---

41 Vgl. Klatt, S., a. a. O., S. 308.
42 Vgl. Prais, S. J., Houthakker, H. S., a. a. O., S. 160 ff.
43 Vgl. Klatt, S., a. a. O., S. 306.

dem Gesamtvermögen der Haushalte Beziehungen aufzuzeigen[44]. Die Regressionsfunktionen dieser Quasi-Engel-Kurven von der allgemeinen Form

$$S_i = S_i(W) \qquad \begin{array}{l} S_i = \text{Bestand des Gutes } i \\ W = \text{Gesamtvermögen} \end{array}$$

können ebenfalls durch die Verwendung verschiedener Funktionstypen spezifiziert werden.

Da der durchschnittliche Verbrauch eines dauerhaften Konsumgutes pro Periode gleich S_i/n ist (n = Anzahl der Perioden bis zur Wiederbeschaffung)[45], besteht folgender Zusammenhang zwischen den Elastizitäten der üblichen ($dC_i/dY \cdot Y/C_i$) und denen der Quasi-Engel-Kurven ($dS_i/dW \cdot W/S_i$):

$$\frac{dC_i}{dY} \cdot \frac{Y}{C_i} = \frac{dS_i}{dY} \cdot \frac{Y}{S_i} - \frac{dn}{dY} \cdot \frac{Y}{n}$$

$$= \frac{dS_i}{dW} \cdot \frac{W}{S_i} \cdot \frac{dW}{dY} \cdot \frac{Y}{W} - \frac{dn}{dW} \cdot \frac{W}{n} \cdot \frac{dW}{dY} \cdot \frac{Y}{W} .$$

Unter der Voraussetzung, daß der Anteil der Wiederbeschaffungskäufe am Bestand, d. h. n, konstant ist, wird

$$\frac{dC_i}{dY} \cdot \frac{Y}{C_i} = \frac{dS_i}{dW} \cdot \frac{W}{S_i} \cdot \frac{dW}{dY} \cdot \frac{Y}{W} .$$

Empirische Untersuchungen ergaben, daß die Elastizität des Gesamtvermögens W in bezug auf Y nahezu Eins ist, die Verbrauchs- und Bestandselastizitäten also im großen und ganzen übereinstimmen[46]. Es bietet sich daher die Möglichkeit einer gegenseitigen Überprüfung der Genauigkeit aus wesensmäßig verschiedenen Daten gewonnener Ergebnisse, doch dürfte vom praktischen Standpunkt aus die Erfassung der Bestandsgrößen kaum leichter durchzuführen sein als die von Einkommens- und Verbrauchszahlen.

e) Dynamische Engel-Kurven für langlebige Gebrauchsgüter

Bei der Analyse des Verbrauchs langlebiger Konsumgüter werden in einigen dynamischen Modellen, zu deren Entwicklung Stone und Rowe

---

44 Vgl. z. B. Cramer, J. S., Ownership Elasticities of Durable Consumer Goods, The Review of Economic Studies, vol. XXV, 1957/58, S. 87 ff.

45 Beim Einzelhaushalt tritt der durchschnittliche Verbrauch natürlich nicht in jeder Periode als Marktnachfrage auf. Innerhalb einer Verbrauchergruppe kann man bei langfristiger Betrachtung jedoch unterstellen, daß die Käufe der Einzelhaushalte sich so verteilen, daß in jeder Periode ungefähr S_i/n nachgefragt wird.

46 Vgl. Cramer, J. S., a. a. O., S. 93 ff.

1957 den Anstoß gaben[47], ebenfalls Bestandsgrößen in die Betrachtung miteinbezogen.

Der Grundgedanke des Modells von Stone und Rowe ist, daß Einkommen und Preise einer Periode nicht direkt die in diesem Zeitraum getätigten Ausgaben für langlebige Güter, sondern einen angestrebten Gleichgewichtsbestand bestimmen: $S^*_i = f(Y, p_i)$. Die Höhe der Ausgaben pro Periode hängt außer von S^*_i vom vorhandenen Bestand, von der Anzahl der Perioden, innerhalb derer die Haushalte die Differenz zwischen vorhandenem und Gleichgewichtsbestand durch Nettozukäufe ausgleichen wollen, und der Lebensdauer der Güter ab. Unter diesen Voraussetzungen sind die Elastizität des Gleichgewichtsbestandes und die der Ausgaben pro Periode, beide bezogen auf das Einkommen und die Preise, nur dann einander gleich, wenn die Ausgaben solcher Haushalte betrachtet werden, die ihren jeweiligen Gleichgewichtsbestand schon erreicht haben, und wenn sich zudem die durchschnittliche Nutzungsdauer der Güter nicht ändert. Dies kann bei Querschnittsdaten in etwa unterstellt werden, so daß die aus ihnen berechneten Ausgabenelastizitäten mit den eben beschriebenen, von Stone und Rowe als langfristig bezeichneten Bestandselastizitäten verglichen werden können[48]. Wird hingegen die zeitliche Entwicklung der Ausgaben bei laufenden Einkommens- und Preisänderungen untersucht, so läßt sich ohne nähere Angaben über tatsächliche Bestände, Lebensdauer und Anpassungsgeschwindigkeit der Anteil der miterfaßten Nettozukäufe nicht isolieren, so daß die auf die übliche Weise aus den Ausgaben- und Einkommensänderungen berechneten, von Stone und Rowe kurzfristig genannten Elastizitäten größer sein müssen als die unter sonst gleichen Umständen gültigen Bestandselastizitäten.

III. Verteilungsprobleme

1. Repräsentativität und Verteilung

Einleitend hatten wir bereits auf die Schwierigkeiten der Aggregation bei der Übertragung einzelwirtschaftlicher Ergebnisse auf volkswirtschaftliche Zusammenhänge bzw. der Berücksichtigung von Änderungen in der Verteilung der verbrauchsbestimmenden Faktoren hin-

---

[47] Vgl. Stone, R., Rowe, D. A., The Market Demand for Durable Goods, Econometrica, vol. 25, 1957, S. 423 ff. — Diess., The Durability of Consumers' Durable Goods, Econometrica, vol. 28, 1960, S. 407 ff. — Lehbert, B., Die Nachfrage nach Personenkraftwagen in der Bundesrepublik Deutschland, Tübingen 1962, und die dort zitierte Literatur.

[48] Es wird hier wiederum vorausgesetzt, daß nicht Einzelhaushalte, sondern Gruppen gleichartiger Haushalte betrachtet werden, bei denen die Ersatzbeschaffungen sich gleichmäßig über die Nutzungsperiode verteilen.

gewiesen und mit dem Konzept des „repräsentativen“ Haushalts operiert. Wird dieser im engsten Sinne interpretiert, so sind damit alle Verteilungsprobleme von vornherein ausgeschlossen; denn es wird dann vorausgesetzt, daß zumindest die entscheidende Mehrheit der Haushalte sich hinsichtlich der Einkommenshöhe und der sonstigen Einflußfaktoren gleicht. Der gesamtwirtschaftliche Verbrauch eines Gutes ergibt sich dann durch einfache Multiplikation des Haushaltsverbrauchs mit der Zahl der Haushalte bzw. — unter Benutzung der Homogenitätshypothese — des Pro-Kopf-Verbrauchs mit der Bevölkerungszahl.

Wir können jedoch unsere Prämissen etwas wirklichkeitsnäher gestalten und annehmen, daß der repräsentative Charakter der Haushaltsdaten sich nur auf die Art des Zusammenhangs zwischen Verbrauch und Einkommen, also auf Typ und Parameter der Engel-Kurven, bezieht, die Verteilung der unabhängigen Variablen aber keine gleichmäßige ist.

2. Wachstum und personale Einkommensverteilung

Änderungen in der personalen Verteilung des für Konsumzwecke verfügbaren Haushaltseinkommens zeigen sich in einer wachsenden Wirtschaft in Gestalt unterschiedlicher Zuwachsraten in den einzelnen Einkommensklassen, wobei die durch progressive direkte Steuern und Transferleistungen bewirkte staatliche Umverteilungspolitik die Unterschiede der Zuwachsraten der Faktoreinkommen modifiziert.

Derartige Änderungen des Gesamteinkommens lassen sich logisch zerlegen in eine Redistribution der Einkommen bei konstantem Gesamteinkommen und ein auf diese neue Verteilung aufbauendes gleichmäßiges Wachstum der Individualeinkommen[49]. Es ist daher zweck-

---

[49] Zur Erläuterung diene folgendes Zwei-Personen-Modell:

$$Y_{1(t+1)} = a \cdot Y_{1(t)} \qquad Y_{2(t+1)} = b \cdot Y_{2(t)}$$

a, b = unterschiedliche Wachstumsraten des Einkommens der Personen 1 und 2 vom Zeitpunkt (t) zum Zeitpunkt $(t+1)$

$$\frac{Y_{1(t)}}{Y_{2(t)}} = r \qquad \frac{Y_{1(t+1)}}{Y_{2(t+1)}} = \frac{a}{b} \cdot r$$

$$Y_{1(t+1)} + Y_{2(t+1)} = a \cdot Y_{1(t)} + b \cdot Y_{2(t)}$$

$$= \frac{ra+b}{r+1} \left(Y_{1(t)} \frac{ra+a}{ra+b} + Y_{2(t)} \frac{rb+b}{ra+b} \right)$$

$\frac{ra+a}{ra+b}$ und $\frac{rb+b}{ra+b}$ sind die Umverteilungsfaktoren, die bewirken, daß bei gleichmäßiger Wachstumsrate $\frac{ra+b}{r+1}$ $Y_{1(t+1)}$ und $Y_{2(t+1)}$ gleich $aY_{1(t)}$ und $bY_{2(t)}$ werden.

mäßig, die Wirkungen von Verteilungsänderungen getrennt von denen des Einkommenswachstums zu sehen.

Da die personale Einkommensverteilung „a field of study that has been plagued by looseness in definitions, unusual scarcity of data, and pressures of strongly held opinions“[50] darstellt, ist sie in der Verbrauchstheorie im allgemeinen und in der Engel-Kurven-Theorie im besonderen nur wenig berücksichtigt worden.

3. Die Wirkungen von Einkommensverteilungsänderungen bei alternativen Engel-Kurven-Typen

Einkommensumverteilungen beeinflussen die Höhe des volkswirtschaftlichen Verbrauchs eines Gutes überhaupt nicht, wenn sie zwischen Wirtschaftssubjekten mit gleicher marginaler Konsumneigung für das betreffende Gut erfolgen, d. h. wenn der Zusammenhang zwischen Einkommen und Verbrauch sich durch lineare Engel-Kurven beschreiben läßt. Der Durchschnittsverbrauch ist dann allein abhängig vom Durchschnittseinkommen; der volkswirtschaftliche Verbrauch ergibt sich durch Multiplikation mit der Zahl der beteiligten Wirtschaftseinheiten[51]. Bei Engel-Kurven mit bei wachsendem Einkommen abnehmender Grenzneigung, also bei hyperbolischen und halb-logarithmischen Formen sowie bei doppelt-logarithmischen, deren Elastizität kleiner als Eins ist, erreicht der Durchschnittsverbrauch dann sein Maximum, wenn das Gesamteinkommen vollkommen gleichmäßig verteilt ist[52]. Umverteilungen, die gegenüber der Ausgangssituation eine

---

[50] Vgl. Kuznets, S., Economic Growth and Income Inequality, The American Economic Review, vol. XLV, 1955, S. 1.

[51]
$$\overline{C_i} = \frac{C_{i1} + C_{i2} + \ldots + C_{in}}{n}$$
$$= \frac{a + bY_1 + a + bY_2 + \ldots + a + bY_n}{n}$$
$$= \frac{na + b\,(Y_1 + Y_2 + \ldots + Y_n)}{n}$$
$$= a + b\overline{Y}$$
$$C_{iG} = \overline{C_i} \cdot n = n\,(a + b\overline{Y})$$

[52] Als Beispiel sei die hyperbolische Engel-Kurve angeführt:

$$\overline{C_i} = \frac{a - \frac{b}{Y_1} + a - \frac{b}{Y_2} + \ldots + a - \frac{b}{Y_n}}{n}$$
$$= a - \left(\frac{b}{n}\,\frac{1}{Y_1} + \frac{1}{Y_2} + \ldots + \frac{1}{Y_n}\right)$$

(Forts. S. 41)

Annäherung an die Gleichverteilung bewirken, erhöhen den Durchschnittskonsum des Gutes i.

Nimmt die Grenzneigung entlang der Engel-Kurve mit wachsendem Einkommen zu, was z. B. bei doppelt-logarithmischen Kurven mit einer Elastizität von größer als Eins der Fall ist, so steigt der Durchschnittsverbrauch des Gutes i mit wachsender Ungleichmäßigkeit der Einkommensverteilung. Bei sigmoiden Engel-Kurven lassen sich die Wirkungen einer Einkommensumverteilung ohne nähere Kenntnis der Ausgangsverteilung nicht eindeutig feststellen.

4. Die Probleme einer Messung der personalen Einkommensverteilung

Die Frage, welche von zwei alternativen Einkommensverteilungen die gleichmäßigere ist, kann im Falle von zwei beteiligten Wirtschaftssubjekten leicht und eindeutig beantwortet werden. Sobald es sich jedoch um größere Gruppen oder gar um die Einkommensbezieher ganzer Volkswirtschaften handelt, ist die Entscheidung nicht mehr ohne weiteres zu treffen. Es entsteht dann die Notwendigkeit, möglichst

---

Das Maximum von $\overline{C}_i$ unter der Nebenbedingung, daß $Y_1 + Y_2 + \ldots + Y_n = Y_G =$ konst. ist, läßt sich nach der Lagrange-Methode wie folgt berechnen:

$$V = a - \frac{b}{n}\left(\frac{1}{Y_1} + \frac{1}{Y_2} + \ldots + \frac{1}{Y_n}\right) - \lambda \cdot (Y_G - Y_1 - \ldots - Y_n)$$

$$\frac{\partial V}{\partial Y_1} = \frac{b}{n} \cdot \frac{1}{Y_1^2} + \lambda \overset{!}{=} 0$$

$$\frac{\partial V}{\partial Y_2} = \frac{b}{n} \cdot \frac{1}{Y_2^2} + \lambda \overset{!}{=} 0$$

$$\vdots$$

$$\frac{\partial V}{\partial Y_n} = \frac{b}{n} \cdot \frac{1}{Y_n^2} + \lambda \overset{!}{=} 0$$

$$\frac{\partial V}{\partial \lambda} = - Y_G + Y_1 + Y_2 + \ldots + Y_n \overset{!}{=} 0$$

$$\lambda = - \frac{b}{n} \cdot \frac{1}{Y_1^2} = - \frac{b}{n} \cdot \frac{1}{Y_2^2} = \ldots = - \frac{b}{n} \cdot \frac{1}{Y_n^2}$$

$$Y_1 = Y_2 = \ldots = Y_n \qquad - Y_G + n\,Y_1 = 0$$

$$Y_1 = \frac{Y_G}{n} \quad Y_2 = \frac{Y_G}{n} \qquad Y_n = \frac{Y_G}{n}$$

Die zweiten partiellen Ableitungen sind negativ.

einfach konstruierte Koeffizienten zu finden, die den Grad der Gleichmäßigkeit einer Verteilung repräsentieren und Vergleiche erlauben.

Die dafür angewendeten Verfahren lassen sich in zwei Gruppen einteilen: einmal in solche, die eine bestimmte Verteilungsfunktion unterstellen, und zum andern in solche, deren Verteilungskennziffern sich aus jeder beliebigen Einkommensstreuung ableiten lassen[53].

In die erste Gruppe gehört die von Pareto entwickelte Verteilungsfunktion. Auf Grund empirischer Untersuchungen behauptete er, daß für alle Einkommensverteilungen annähernd folgende Beziehung gelte:

$$n_Y = \frac{\alpha \cdot A}{Y^{\alpha+1}}$$ [54]

n_Y ist der Prozentsatz der Einkommensbezieher, deren Einkommen Y beträgt. α ist eine Konstante, die als Maß für die Gleichmäßigkeit der Verteilung dienen kann. Je größer α, desto größer ist der Grad der Annäherung an die Gleichverteilung[55]. Spätere Untersuchungen ergaben allerdings, daß α grundsätzlich nicht mit großer Empfindlichkeit auf Verteilungsänderungen reagiert[56].

Eine weitere Schwäche der Paretianischen Verteilungsfunktion liegt darin, daß sie nur die Verhältnisse bei den oberen Einkommensschichten zutreffend charakterisiert. Der Teil der Verteilungskurve, in dem, ausgehend von den allerkleinsten Einkommen, die Zahl der Einkommensbezieher in einer Einkommensklasse mit wachsendem Einkommen zunächst zunimmt, bleibt unberücksichtigt (vgl. Figur 1)[57].

Diesem Mangel wird bis zu einem gewissen Grade abgeholfen durch die von Gini vorgeschlagene Formulierung der Verteilungsfunktion:

$$N_Y = A \cdot G^{\delta}$$ [58] ,

---

53 S. auch Andic, F., Distribution of Family Income in Puerto Rico, Rio Piedras 1964, insbesondere Teil I, S. 23—64.

54 Vgl. Klein, L., An Introduction to Econometrics, Englewood Cliffs, N. J., 1962, S. 150.

Pareto selbst benutzte eine aufsummierte Verteilungsfunktion: $N = A/Y^{\alpha}$ bei der N die Zahl der Einkommensbezieher ist, die ein Einkommen von mindestens Y haben (vgl. z. B. Pareto, V., La curva delle entrate e le osservazioni del Prof. Edgeworth, Giornale degli economisti, nov. 1896, S. 439 ff., wiederabgedruckt in: Pareto, V., Scritti teorici, hrsg. von G. Demaria, Milano 1952, S. 343 ff.). Dieser Ausdruck läßt sich jedoch durch Differentiation und entsprechende Wahl von A in die obige Form überführen.

55 Vgl. Krelle, W., Verteilungstheorie, Tübingen 1962, S. 270.

56 Vgl. Krelle, W., a. a. O., S. 272.

57 Klein weist deshalb darauf hin, daß A als Y_0 zu interpretieren ist; Y_0 gibt die Einkommenshöhe an, von der ab das Paretianische Gesetz Gültigkeit besitzt. Vgl. Klein, L., a. a. O., S. 151.

58 Vgl. Krelle, W., a. a. O., S. 273 ff.

wobei G die Summe aller Einkommen, die Y oder mehr betragen, und N die Anzahl der Bezieher dieser Einkommen darstellt. Das Verteilungsmaß δ wächst mit zunehmender Ungleichmäßigkeit[59].

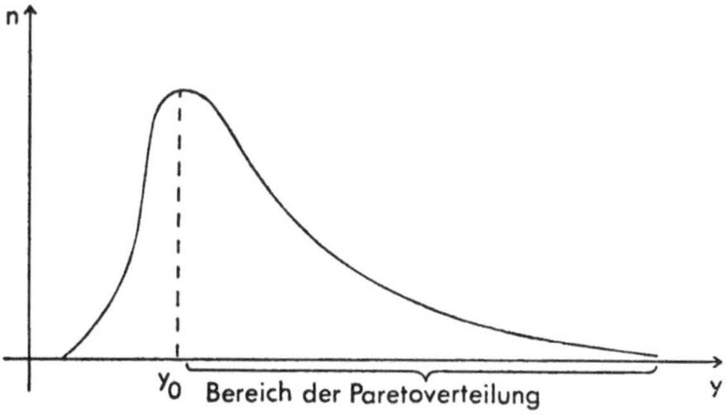

Figur 1

Dem unteren und oberen Teil der Einkommenspyramide wird gleichermaßen Rechnung getragen bei Verwendung einer logarithmischen Normalverteilungskurve. Da die Zunahme der Logarithmen mit wachsendem Numerus bekanntlich absolut immer kleiner wird, nimmt die oben abgebildete einseitige Verteilungskurve in einem logarithmischen Koordinatensystem die Form einer typischen glockenförmigen Normalverteilungskurve an. Eine ihrer wichtigsten Eigenschaften ist, daß zwischen ihrem geometrischen und arithmetischen Mittelwert die folgende Beziehung besteht:

$$Y^* = \frac{\overline{Y}}{e^{\frac{1}{2}\sigma^2}} \quad ^{60}$$

Y^* = geometr. Mittel
$\overline{Y}$ = arithm. Mittel
σ^2 = mittlere quadratische Abweichung der log $\overline{Y}$

Durch sie kann in einigen Fällen das Problem der Aggregation von Engel-Kurven wesentlich erleichtert werden. Unterstellt man z. B. bei halb-logarithmischen Engel-Kurven, daß die Einkommensverteilung einer logarithmischen Normalverteilung entspricht, so ergibt sich

$$\overline{C}_i = a + b \cdot \left(\log \overline{Y} - \frac{\sigma^2}{2}\right) \quad ^{61} \; .$$

---

59 Vgl. Bowman, M. J., A Graphical Analysis of Personal Income Distribution in the United States, The American Economic Review, vol. XXXV, 1945, S. 607 ff.; wiederabgedruckt in: Readings in the Theory of Income Distribution, London 1950, S. 81 ff.

60 Vgl. Klein, L., a. a. O., S. 155.

61 Vgl. Prais, S. J., Houthakker, H. S., a. a. O., S. 14.

Bei den Verteilungsmaßen, die keine spezielle Verteilungsfunktion voraussetzen, handelt es sich um Koeffizienten, die entweder die relative durchschnittliche Abweichung von einem bestimmten Mittelwert oder die relative durchschnittliche Differenz zwischen benachbarten Werten angeben[62].

Zur graphischen Veranschaulichung der Einkommensverteilung wird heute vorwiegend die sogenannte Lorenzkurve benutzt, an der abzulesen ist, wieviel Prozent des Gesamteinkommens jeweils auf einen bestimmten Prozentsatz der vom unteren Ende der Einkommensskala aus aufsummierten Einkommensbezieher entfallen. Je größer die unterhalb der Lorenzkurve liegende Fläche ist, desto gleichmäßiger ist die Verteilung (vgl. Figur 2).

Figur 2

Um die Relativität der Aussagefähigkeit der einzelnen Verteilungsmaße zu demonstrieren, hat Yntema acht verschiedene Verteilungskoeffizienten für jeweils sieben Verteilungsstatistiken aus verschiedenen Ländern und Jahren berechnet und sie so mit Rangziffern belegt, daß die innerhalb einer Berechnungsmethode am gleichmäßigsten erscheinende Verteilung den Rang 1 erhielt usw. Eigentlich müßten dann in den Zeilen der untenstehenden Übersicht jeweils die gleichen Rangziffern erscheinen; dies ist jedoch keineswegs der Fall:

---

62 Vgl. Yntema, D. B., Measures of the Inequality in the Personal Distribution of Wealth or Income, Journal of the American Statistical Association, vol. XXVIII, 1933, S. 432.

Verteilung	Verteilungskoeffizient[a)]							
	A	B	C	D	E	F	G	H
I	5	6	2	2	6	6	2	2
II	7	7	3	3	7	7	5	1
III	1	1	1	1	1	1	6	4
IV	3	4	5	5	5	5	3	3
V	2	2	7	7	4	3	1	5
VI	6	5	4	4	3	4	7	6
VII	4	3	6	6	2	2	4	7

a) Vgl. Yntema, D. B., a. a. O., S. 430 f.

Die Übersicht zeigt vielmehr, daß jede Verteilung sich offenbar durch eine Vielzahl von charakteristischen Eigenschaften auszeichnet, von denen jede Meßziffer jeweils einseitig nur einzelne erfaßt.

Ähnlich wie für das Einkommen ergibt sich auch für die übrigen verbrauchsbestimmenden Faktoren, wie Familiengröße und -struktur und soziale Gruppenzugehörigkeit, das Problem, die Besonderheiten ihrer Verteilung innerhalb einer Volkswirtschaft möglichst eindeutig zu erfassen. Systematische Untersuchungen in dieser Richtung liegen bisher nicht vor.

5. Einige plausible Annahmen über Verteilungsänderungen und ihre Wirkungen in einer Wohlstandsgesellschaft

Angesichts der unbewältigten Schwierigkeiten einer exakten, laufenden Verteilungsmessung müssen wir uns auf einige allgemeine Hypothesen hinsichtlich der Änderungen in der Verteilung der verbrauchsbestimmenden Faktoren in einer Wohlstandsgesellschaft beschränken:

a) Es sprechen einige gute Gründe dafür, daß die Einkommensverteilung allmählich mehr zur Gleichmäßigkeit hin tendiert. Im Zuge der wirtschaftlichen Entwicklung wird das zunächst überproportionale Anwachsen der Unternehmergewinne bei anhaltender wirtschaftlicher Stabilität und Vollbeschäftigung von dem von einflußreichen Gewerkschaften geförderten relativ stärkeren Anstieg der unteren und mittleren Arbeitnehmereinkommen und der Abnahme des Anteils der Kleinsteinkommen aus Arbeitslosenunterstützung, Teilzeitbeschäftigung und unrentablen Zwergbetrieben abgelöst[63]. Umfassende Sozialversicherungssysteme mit dynamisierten Renten schützen die wegen Alter oder Krankheit aus dem Arbeitsprozeß Ausgeschiedenen vor einem allzu starken Abfall ihrer Bezüge. Nach Auffassung mancher Sachkenner kommt dieser Redistribution zugunsten der nicht mehr Erwerbstätigen größere Bedeutung zu als der durch die Progression der Einkommensteuer bewirkten Nivellierung zwischen hohen und niedrigen Erwerbseinkünften[64].

Zweifellos lassen sich auch einige die Ungleichmäßigkeit der Einkommensverteilung verstärkende Erscheinungen beobachten, wie z. B. die durch die größere Sparfähigkeit der Bezieher hoher Einkommen verursachte Vermögenskonzentration oder die breitere Streuung der auf städtischen Arbeitsplätzen verdienten Einkommen[65]. Insgesamt dürften diese Faktoren jedoch unter der Voraussetzung, daß sie durch die öffentliche Finanzpolitik nicht bewußt oder unbewußt gefördert werden, höchstens eine Abschwächung der Nivellierungstendenzen, nicht aber deren Umkehrung hervorrufen.

Die zu erwartenden Wirkungen eines kontinuierlichen Einkommensnivellierungsprozesses auf die Elastizität der gesamtwirtschaftlichen Nachfrage nach einzelnen Gütern sind unterschiedlich je nach dem unterstellten Verlauf der einzelwirtschaftlichen Engel-Kurven. Bei deren linearem Verlauf sind sie gleich Null, bei isoelastischen Kurven mit einer Elastizität von kleiner als Eins bestehen sie in einer Erhöhung der Elastizität, da diese bei jeder beliebigen konstanten Verteilung die gleiche bleibt, der Gesamtverbrauch durch die Umverteilung jedoch auf ein höheres Niveau gehoben wird (vgl. Figur 3, in der eine Umverteilung jeweils beim Durchschnittseinkommen $\overline{Y}_1$, $\overline{Y}_2$, $\overline{Y}_3$, $\overline{Y}_4$ angenommen ist)[66].

---

63 Vgl. Kuznets, S., a. a. O., S. 18 f. — Lenschow, G., Volkseinkommensschichtung und Verbrauch, Zeitschrift für die gesamte Staatswissenschaft, Bd. 106, 1950, S. 644 ff. — Stone, R., a. a. O., S. 253.

64 Vgl. Soziale Umverteilung, Mitteilung 1 der Kommission für dringliche sozialpolitische Fragen der Deutschen Forschungsgemeinschaft, Wiesbaden o. J. (1964), S. 23. — Schmidt, K.-D., Schwarz, U., Thiebach, G., Die Umverteilung des Volkseinkommens in der Bundesrepublik Deutschland 1955 und 1960, Institut für angewandte Wirtschaftsforschung Tübingen, Schriftenreihe: Band 4, Tübingen 1965, S. 125.

65 Vgl. Kuznets, S., a. a. O., S. 8 ff. — Göseke, G., Verteilung und Schichtung der privaten Haushaltseinkommen, in: König, H. (Hrsg.), Wandlungen der Wirtschaftsstruktur in der Bundesrepublik Deutschland, Schriften des Vereins für Socialpolitik NF, Bd. 26, Berlin 1962, S. 97.

66 Im Zwei-Personen-Fall ist:

$$\overline{C}_i = \frac{e^a}{2}\left(Y_1{}^b + Y_2{}^b\right) .$$

Diese Gleichung kann mit Hilfe der Beziehungen

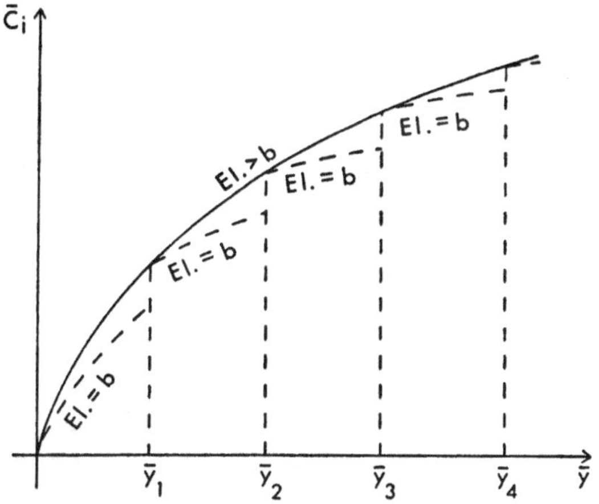

Figur 3

Bei isoelastischen Kurven mit einer Elastizität von größer als Eins führt die Einkommensnivellierung entsprechend zu einer Verringerung der Elastizität[67].

$$Y_1 + Y_2 = 2\overline{Y} \qquad \frac{Y_1}{Y_2} = r$$

$$Y_1 = \frac{2\,\overline{Y}\,r}{r+1} \qquad Y_2 = \frac{2\,\overline{Y}}{r+1}$$

umgeformt werden zu:

$$\overline{C}_i = \frac{e^a \cdot 2^{b-1} \cdot \overline{Y}^b\,(r^b + 1)}{(r+1)^b}$$

Daraus ergibt sich die Elastizität

$$\frac{d\overline{C}_i}{d\overline{Y}} \cdot \frac{\overline{Y}}{\overline{C}_i} = b + \frac{b\,(r^b - r)}{(r^b + 1)\cdot(r+1)} \cdot \frac{dr}{d\overline{Y}} \cdot \frac{\overline{Y}}{r}.$$

Ist r so gewählt, daß es kleiner als Eins ist ($Y_1 < Y_2$), so nimmt es bei einer Einkommensnivellierung zu; $dr/d\overline{Y} \cdot \overline{Y}/r$ ist deshalb positiv. Da für $b < 1$ auch $r < r^b$ gilt, ist die Elastizität des Durchschnittsverbrauchs und damit auch die des Gesamtverbrauchs des Gutes i bei gleichzeitiger Einkommensnivellierung größer als bei konstant bleibender Verteilung.

67 Für $r < 1$, $dr/d\overline{Y} \cdot \overline{Y}/r > 0$ und $b > 1$ wird

$$\frac{r^b - r}{(r^b + 1)\cdot(r+1)} \cdot \frac{dr}{d\overline{Y}} \cdot \frac{\overline{Y}}{r} \text{ negativ.}$$

Weisen die Engel-Kurven mit wachsendem Einkommen abnehmende Elastizität auf, so wird zwar durch den Umverteilungsprozeß als solchen die Elastizität ebenfalls erhöht, gleichzeitig erreicht der Verbrauch dadurch aber ein Niveau, für das eine geringere Elastizität gilt (vgl. Figur 4)[68]. Über das quantitative Verhältnis dieser beiden entgegengesetzten Wirkungen läßt sich nichts Genaues aussagen, solange die funktionale Abhängigkeit der Verteilung vom Einkommenswachstum nicht bekannt ist.

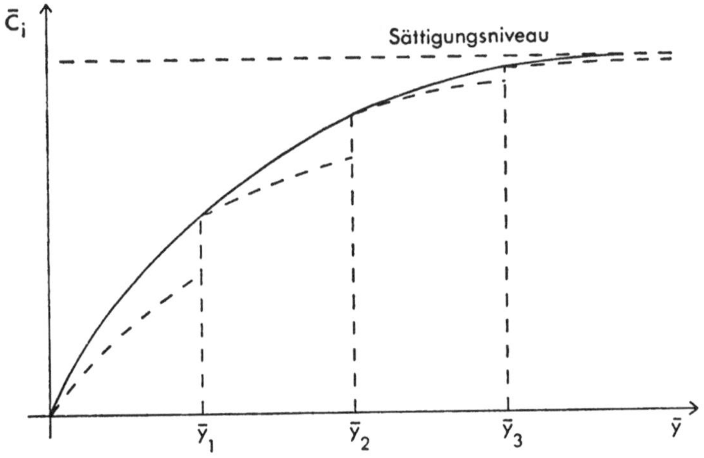

Figur 4

Im Ergebnis ist also festzuhalten, daß mit unseren summarischen Annahmen über die Einkommensverteilung in einer Wohlstandsgesellschaft selbst die Richtung der Wirkungen auf die Einkommenselastizität des Verbrauchs nur unter speziellen Bedingungen eindeutig an-

[68] Bei hyperbolischen Engel-Kurven z. B. ist im Zwei-Personen-Fall:

$$\bar{C}_i = a - \frac{b\,(r+1)^2}{4r\bar{Y}} \quad \text{und}$$

$$\frac{d\bar{C}_i}{d\bar{Y}} \cdot \frac{\bar{Y}}{C_i} = \frac{b(r+1)^2}{4ar\bar{Y} - b(r+1)^2} + \frac{b(1-r^2)}{4ar\bar{Y} - b(r+1)^2} \cdot \frac{dr}{d\bar{Y}} \cdot \frac{\bar{Y}}{r}$$

Das zweite Glied des Elastizitätsausdrucks ist bei einer Änderung von r in Richtung auf eine gleichmäßigere Verteilung zwar positiv, das erste Glied ist jedoch um so kleiner, je größer der Grad der Gleichmäßigkeit ist, den die Verteilung bereits erreicht hat.

gegeben werden kann. Für unsere weiteren Überlegungen können diese deshalb nur eine untergeordnete Rolle spielen. Diese an sich wenig befriedigende Erkenntnis mag etwas an Gewicht verlieren durch die empirische Beobachtung, daß Umverteilungsprozesse beträchtlichen Ausmaßes erforderlich sind, um ins Gewicht fallende Verbrauchsänderungen hervorzurufen[69].

b) Für die normale Entwicklung der altersmäßigen Bevölkerungsstruktur in einer Wohlstandsgesellschaft bieten die Bevölkerungsstatistiken der westlichen Industrieländer wenig Anhaltspunkte, da die meisten erhebliche, durch die beiden Weltkriege bedingte Verzerrungen enthalten. Tendenziell zeigt sich jedoch ein Anstieg des Anteils der Kinder und Jugendlichen und der über 65jährigen[70]. Es erfolgt

---

[69] Vgl. Lubeli, H., Effects of Redistribution of Income on Consumers' Expenditures, The American Economic Review, vol. XXXVII, 1947, S. 157 ff. — Projection de la Consommation des Ménages pour 1970, Etudes et Conjoncture, 19e année, No. 9, 1964, S. 38.

[70] Von der Gesamtbevölkerung standen . . . % im Alter von . . . Jahren

	0 bis unter 15	15 bis unter 65	65 und mehr
BRD (o. Bln.)			
1950	24	67	9
BRD (m. Bln.)			
1962	22	66	11
Belgien			
1950	21	68	11
1961	24	64	12
Niederlande			
1950	29	63	8
1961	29	61	9
Frankreich			
1950	22	66	12
1962	26	62	12
Großbritannien			
1951	22	67	12
1962	23	65	12
Österreich			
1939	21	71	8
1959	22	66	12
Schweden			
1949	23	67	10
1961	22	66	12
Schweiz			
1951	23	67	10
1962	23	67	10
USA			
1950	28	65	8
1962	31	60	9

Vgl. Statistisches Jahrbuch für die Bundesrepublik Deutschland 1953, Stuttgart und Mainz 1953, S. 20*, und Statistisches Jahrbuch für die Bundesrepualso eine relative Zunahme der Altersklassen, deren Kennziffern innerhalb der Verbrauchs-Äquivalenzskalen kleiner als Eins sind; infolgedessen ist ein dämpfender Effekt auf die Höhe der Einkommenselastizitäten der meisten Verbrauchsgüter denkbar.

Hinsichtlich der räumlichen Verteilung und beruflichen und sozialen Gliederung ist in der Wohlstandsgesellschaft ein Trend zur Konzentration in den Städten und deren unmittelbarer Umgebung[71], zur relativen Abnahme der Zahl der gewerblichen und landwirtschaftlichen Arbeiter und zur relativen Zunahme der meist in Schreibtisch- und Dienstleistungsberufen tätigen bürgerlichen Mittelschicht zu beobachten. Gleichzeitig führen aber die Verbesserungen des Verkehrswesens, die Ausbreitung der Massenkommunikationsmittel und der Werbung

---

blik Deutschland 1964, Stuttgart und Mainz 1964, S. 30*.

Soweit die Addition der Prozentsätze nicht 100 ergibt, ist dies auf Rundungen zurückzuführen.

71 Von der Gesamtbevölkerung lebten . . . % in Gemeinden mit . . .

	unter 2000 Einwohner	über 2000 Einwohner
BRD		
1956	24,5	75,5
1963	21,6	78,4
Belgien		
1947	17,7	82,3
1961	15,0	85,0
Niederlande		
1955	2,8	97,2
1960	2,2	97,7
Frankreich		
1954	37,4	62,6
1962	32,7	67,3
Österreich		
1951	34,5	65,5
1961	32,6	67,4
Schweden		
1950	48,1	51,9
1960	39,0	61,0
Schweiz		
1950	31,9	68,1
1960	27,0	73,0

Vgl. Statistisches Jahrbuch für die Bundesrepublik Deutschland 1957, Stuttgart und Mainz 1957, S. 20*/21*, und Statistisches Jahrbuch für die Bundesrepublik Deutschland 1964, a. a. O., S. 29*. Abweichungen der Addition der Prozentsätze von 100 sind durch Rundungen bedingt.

Die Zunahme des Anteils größerer Gemeinden muß nicht nur durch Konzentrationsprozesse verursacht sein, sondern kann auch bei gleichmäßigem Wachstum aller Gemeinden erfolgen. Sofern die gewachsenen kleineren Gemeinden auch städtischen Charakter annehmen, ergeben sich dabei die gleichen Konsequenzen für das Verbraucherverhalten.

und der Abbau standesgebundener Lebensnormen zu einem Ausgleich der regionalen und sozialen Unterschiede in den Verbrauchsgewohnheiten[72], so daß, abgesehen von physiologisch bedingten Unterschieden der Ernährungsweise und den kulturellen Sonderbedürfnissen einer schmalen Bildungsschicht, in der Hauptsache doch die Einkommenshöhe ausschlaggebend für unterschiedliche Verbrauchsstrukturen der Einzelhaushalte ist.

c) Eine ganze Reihe der erwähnten Faktoren haben neben ihren direkten Wirkungen auf die Verbrauchsstruktur auch Einfluß auf die Verteilung der Bevölkerung auf die einzelnen Familiengrößenklassen. Der haushaltsvergrößernden Neigung zu größerer Kinderzahl stehen die folgenden, u. E. dominierenden Tendenzen zur Haushaltsverkleinerung gegenüber:

Erstens führen der städtische Lebensstil und die größere erwerbsorientierte Beweglichkeit in der Wohnortwahl ganz allgemein zu einer Auflösung der Großfamilien[73]. Hinzu kommt, daß die Fortschritte der staatlichen Altersversorgung auch den nicht mehr Erwerbstätigen die Aufrechterhaltung eines eigenen Hausstandes ermöglichen und daß erwachsene Kinder, ob bereits verheiratet oder nicht, früher gewillt und finanziell in der Lage sind, sich vom elterlichen Haushalt zu trennen[74]. Schließlich nimmt die Zahl der mit der Familie ihrer Arbeitgeber lebenden Hausangestellten ständig ab.

Ein anhaltender Trend zur Verkleinerung der durchschnittlichen Haushaltsgröße verringert die Möglichkeiten zu „economies of scale“ und erhöht die Elastizität des Verbrauchs derjenigen Güter, die be-

---

72 Vgl. Knox, F., Consumer Expenditure and the Classless Society, Westminster Bank Review, May 1959, S. 4 ff.

73 In der BRD betrug 1961 der Anteil der Privathaushalte mit . . . Personen

Gemeindegrößenklasse (Einwohnerzahl)	1	2	3	4	5 und mehr
unter 2 000	12,6	22,2	21,3	18,6	25,3
2 000—3 000	15,6	25,5	23,3	18,0	17,6
.					
.					
200 000—500 000	24,3	30,4	23,3	13,7	8,3
über 500 000	29,8	30,6	21,2	11,9	6,5

Vgl. Statistisches Jahrbuch für die Bundesrepublik Deutschland 1964, a. a. O., S. 49.

74 1957 lebten in der Bundesrepublik rd. 39 % der Bevölkerung in Haushalten mit nur einer Generation, 53,5 % in Zwei- und nur der Rest in den früher üblichen Drei-Generationen-Haushalten. Vgl. Schmucker, H., Die ökonomische Lage der Familie in der Bundesrepublik Deutschland, Stuttgart 1961, S. 83.

sonders zur gemeinsamen Benutzung durch mehrere Familienmitglieder geeignet sind, also des Hausrats und der sonstigen langlebigen Konsumgüter. Generell darf der Einfluß dieser Entwicklung auf die Verbrauchsstruktur jedoch nicht überschätzt werden, da ihr natürliche Grenzen gesetzt sind und da, wie oben bereits angedeutet, mit wachsendem Wohlstand die Neigung zunimmt, auch innerhalb eines gemeinsamen Haushalts langlebige Güter, wie Automobile, Radio- und Fernsehapparate, Schreibmaschinen usw., mehrfach und zur speziellen Verfügung einzelner Haushaltsmitglieder anzuschaffen.

IV. Die Preisstruktur

1. Die Berechnung von Preiselastizitäten aus Zeitreihen

In den bisher dargestellten Verfahren der Verbrauchsanalyse, die sich vorwiegend auf die Auswertung von Querschnittsdaten bezogen, wurden Änderungen der Güterpreise nicht berücksichtigt. Preisvariationen lassen sich, abgesehen von Preisdifferenzen zwischen verschiedenen Güterqualitäten, nur im Zeitverlauf beobachten.

Die Verbrauchsfunktion eines Haushalts lautet dann unter Vernachlässigung aller in den Abschnitten II. 3 und II. 5 b), c) behandelten Einflußfaktoren:

$$C_i = C_i(Y, p_i, p_j, \ldots, p_n)$$

p_i = eigener Preis des Gutes i
$p_j, \ldots, p_n$ = Preise der übrigen Güter

Mangels zuverlässiger Hypothesen über das Verhalten bei bestehender „Geldillusion“ werden mögliche Wirkungen reiner Niveauverschiebungen meist aus der Betrachtung ausgeschlossen[75]. Im Falle fehlender Geldillusion muß obige Verbrauchsfunktion homogen vom Grade Null, wenn C_i als Verbrauchsmenge, und linear-homogen sein, wenn C_i als Verbrauchsausgaben interpretiert wird; d. h. eine gleichmäßige Veränderung des Einkommens und aller Preise führt zu keiner Änderung der Verbrauchsmenge und zu einer proportionalen Änderung der Ausgaben[76].

Die Wirkungen von Preisänderungen auf die Verbrauchsmenge einzelner Güter lassen sich messen anhand der direkten und der Kreuzpreiselastizitäten ($\partial C_i/\partial p_i \cdot p_i/C_i$ und $\partial C_i/\partial p_j \cdot p_j/C_i$). Beide Elastizitätstypen setzen sich zusammen aus der mit dem Anteil der Ausgaben

---

75 Vgl. Projection de la Consommation . . ., a. a. O., S. 44. — Schneider, E., Einführung in die Wirtschaftstheorie, II. Teil, 9. Aufl., Tübingen 1964, S. 10, und III. Teil, 6. Aufl., Tübingen 1961, S. 110.

76 Vgl. Stone, R., a. a. O., S. 254.

für C_i am Einkommen gewichteten Einkommenselastizität, die aus der durch die Preisänderung bewirkten Veränderung des Realeinkommens resultiert, und der Substitutionselastizität, die angibt, um wieviel sich der Verbrauch des Gutes i relativ verändert, wenn die Änderung des Realeinkommens durch eine Änderung des Nominaleinkommens gerade so ausgeglichen wird, daß die Substitution entlang der gleichen Indifferenzkurve der Präferenzskala des Haushalts erfolgt:

$$\frac{\partial C_i}{\partial p_i} \cdot \frac{p_i}{C_i} = - w_i \frac{\partial C_i}{\partial Y} \cdot \frac{Y}{C_i} + w_i \sigma_{ii}$$

$$\frac{\partial C_i}{\partial p_j} \cdot \frac{p_j}{C_i} = - w_j \frac{\partial C_i}{\partial Y} \cdot \frac{Y}{C_i} + w_j \sigma_{ij}$$ [77]

$$w_i = \frac{C_i \cdot p_i}{Y} \qquad w_j = \frac{C_j \cdot p_j}{Y}$$

$w_i \sigma_{ii}$ = Substitutionselastizität des Gutes i bei einer Veränderung von p_i
$w_j \sigma_{ij}$ = Substitutionselastizität des Gutes i bei einer Veränderung von p_j

Da $\partial C_i/\partial Y \cdot Y/C_i$, abgesehen von inferioren Gütern, positiv ist, ist der Einkommenseffekt bei einer Preiserhöhung negativ; $w_i \sigma_{ii}$ ist immer negativ, $w_j \sigma_{ij}$ ist positiv, wenn das Gut j sich zum Gut i substitutiv, und negativ, wenn sich j zu i komplementär verhält. Während also die Kreuzpreiselastizitäten nicht-inferiorer komplementärer Güter immer negativ sind, hängt das Vorzeichen bei nicht-inferioren Substitutionsgütern von dem Größenverhältnis des Einkommenseffekts zum Substitutionseffekt ab.

Ebenso wie C_i nicht nur von den Veränderungen von p_i, sondern auch von p_j beeinflußt wird, wirken Änderungen von p_i nicht nur auf die Höhe von C_i, sondern auch von C_j:

$$\frac{\partial C_j}{\partial p_i} \cdot \frac{p_i}{C_j} = - w_i \frac{\partial C_j}{\partial Y} \cdot \frac{Y}{C} + w_i \sigma_{ji}$$ [78]

Die direkte Preiselastizität der Verbrauchsausgaben ist um Eins größer als die der Verbrauchsmengen, die Kreuzpreiselastizitäten der Ausgaben sind unter der Voraussetzung, daß p_i unabhängig von p_j ist, genauso groß wie die der Verbrauchsmengen.

---

[77] Vgl. Stone, R., a. a. O., S. 262. — Henderson, J. M., Quandt, R. E., Microeconomic Theory, New York, Toronto, London 1958, S. 24 ff. — Hicks, J. R., a. a. O., S. 309 f. — Slutsky, E. E., On the Theory of the Budget of the Consumer, in: Readings in Price Theory, London 1953, S. 27 ff.

[78] Es läßt sich beweisen, daß $\sigma_{ij} = \sigma_{ji}$ ist. Vgl. Stone, R., a. a. O., S. 255.

Bei der ökonometrischen Berechnung von Preiselastizitäten aus Zeitreihen erweist es sich als großer Vorteil, wenn sowohl die direkten Einflüsse von gleichzeitigen Einkommensänderungen auf den Verbrauch als auch die Einkommenseffekte der Preisänderungen sozusagen als exogen bestimmt angesehen werden können, indem ihre Werte aus einer entsprechenden Querschnittsanalyse übernommen werden. Es sind dann aus den Zeitreihen nur die Substitutionselastizitäten zu ermitteln, wobei wegen der Homogenität der Verbrauchsfunktion die Bedingung erfüllt sein muß, daß für jedes Gut i die Summe aller $w\sigma$ gleich Null ist[79].

Stone, der sich dieses Verfahrens bedient, aber auch andere Autoren[80] haben die Verbrauchsfunktion so gewählt, daß sich sowohl für die Einkommens- als auch für die Substitutionselastizitäten konstante Werte ergeben. Dies setzt einen ganz speziellen Verlauf der Nutzenfunktionen bzw. der Indifferenzkurven voraus[81]. Während wir aus der Theorie der Engel-Kurven wissen, daß die Einkommenselastizität bei wachsendem Einkommen auch eine Tendenz zur Abnahme haben kann, lassen sich in den ökonometrischen Arbeiten zur Verbrauchsanalyse keine Hinweise für alternative Hypothesen über die Entwicklung der Substitutionselastizität bei variierenden Preisverhältnissen, also entlang bestimmter Indifferenzkurven, oder bei wachsendem Einkommen, also beim Vergleich von Indifferenzkurven mit verschiedenem Ophelimitätsindex, finden. Sehen wir deshalb von möglichen Veränderungen von $w_i \sigma_{ii}$ und $w_j \sigma_{ij}$ ab, so müssen wir feststellen, daß bei abnehmender Einkommenselastizität der Einkommenseffekt von Preisänderungen ebenfalls abnimmt und daher auf höherem Einkommensniveau die direkte Preiselastizität und die Kreuzpreiselastizitäten von Komplementärgütern dem absoluten Betrag nach kleiner sind als auf niedrigerem Einkommensniveau, die Kreuzpreiselastizitäten von Substitutionsgütern aber absolut kleiner oder größer werden, je nachdem ob sie negativ oder positiv sind. Der Fall, daß die Substitutionselastizitäten mit wachsendem Einkommen ebenfalls abnehmen, ist jedoch genauso gut denkbar.

Die Aggregation der einzelwirtschaftlichen Preiselastizitäten zu volkswirtschaftlichen Größen müßte auf ähnliche Weise erfolgen, wie sie bereits bei den aus Querschnittsuntersuchungen gewonnenen Einkommenselastizitäten zu erläutern versucht wurde. Da für Zeitreihenanalysen jedoch vorwiegend nur volkswirtschaftliche Marktdaten vorliegen, muß auf die Berücksichtigung von Einkommensverteilungsänderungen,

---

79 Vgl. Stone, R., a. a. O., S. 277.

80 Vgl. Stone, R., a. a. O., S. 277. — Wold, H., Demand Analysis, New York, Stockholm 1953, S. 2 ff.

81 Vgl. Sauermann, H., a. a. O., S. 50 ff.

die bei mit der Einkommenshöhe variierender Preiselastizität den Wert der gesamtwirtschaftlichen Preiselastizität einzelner Güter mit beeinflussen, weitgehend verzichtet werden.

2. Die Wirkungen von Preisänderungen auf die Einkommenselastizität der Verbrauchsausgaben

Sinken bei wachsendem Einkommen die Preise von Gütern, deren direkte Preiselastizität negativ ist, so ist die Einkommenselastizität der für sie getätigten Ausgaben im Vergleich zu ihrem Wert bei konstanten Preisen größer, falls $\partial C_i/\partial p_i \cdot p_i/C_i < |1|$, und kleiner, falls $\partial C_i/\partial p_i \cdot p_i/C_i > |1|$, da

$$\frac{dA_i}{dY} \cdot \frac{Y}{A_i} = \frac{\partial C_i}{\partial Y} \cdot \frac{Y}{C_i} + \frac{\partial p_i}{\partial Y} \cdot \frac{Y}{p_i} \left(1 + \frac{\partial C_i}{\partial p_i} \cdot \frac{p_i}{C_i}\right)$$

A_i = Ausgaben für das Gut i

C_i = Verbrauchsmenge des Gutes i

Die elastizitätserhöhende Wirkung tritt mit Sicherheit jedoch nur dann ein, wenn $\partial C_i/\partial Y \cdot Y/C_i$ konstant ist. Weisen die Engel-Kurven abnehmende Elastizität auf, weil etwa der Verbrauch einem von Preisänderungen unabhängigen Sättigungsniveau zustrebt, so überlagern sich, ähnlich wie das auch bei Einkommensumverteilungen zu beobachten ist, die elastizitätserhöhenden Effekte mit der Abnahme der Einkommenselastizität[82], so daß Definitives über die Gesamtwirkungen von Preissenkungen nur ausgesagt werden kann, wenn die numerischen Größenverhältnisse bekannt sind. Zu beachten ist außerdem, daß unter der Voraussetzung abnehmender Einkommenselastizität auch die Preiselastizität mit wachsendem Einkommen abnehmen kann (s. oben).

Die entgegengesetzten Wirkungen ergeben sich bei Gütern, die Preiserhöhungen erfahren.

Preissenkungen (-erhöhungen) komplementärer Güter beeinflussen die Elastizität der Verbrauchsausgaben für ein bestimmtes Gut in gleicher Richtung wie Senkungen (Erhöhungen) des eigenen Preises, Preissenkungen (-erhöhungen) von Substitutionsgütern können die Elastizität der Verbrauchsausgaben für das betrachtete Gut grundsätzlich in jeder Richtung beeinflussen, auch wenn Rückwirkungen des Substitutionsprozesses auf den eigenen Preis des Gutes nicht berücksichtigt werden. Da auch empirische Untersuchungen über die Beschaffenheit von Kreuzpreiselastizitäten nur in ganz begrenztem Umfang vorliegen, sollen die verschiedenen Möglichkeiten von Wirkungskombinationen hier nicht weiter diskutiert werden.

---

[82] Vgl. Klatt, S., Zur Theorie der Industrialisierung, Köln und Opladen 1959, S. 289 ff.

C. Empirische Ergebnisse der Verbrauchsstrukturanalyse

I. Vorbemerkung: Punkt- versus Bogenelastizitäten

Die in Teil B, insbesondere Abschnitt II, geschilderten Verfahren der Verbrauchsstrukturforschung stellen für empirische Untersuchungen einen Idealfall dar, der umfangreiche Regressionsanalysen voraussetzt. Diese allein erlauben, trotz aller methodisch-statistischen Vorbehalte gegenüber der Zuverlässigkeit ihrer Ergebnisse, die hier nicht erörtert werden können, eine quantitative Isolierung der verschiedenen Einflußfaktoren.

Die meisten derjenigen Autoren, die zur Entwicklung der Engel-Kurven-Theorie beitrugen, haben ihre Darlegungen mit mehr oder minder umfangreichen empirischen Untersuchungen verknüpft. Insgesamt liegen Regressionsanalysen jedoch nur für einige wenige größere Verbrauchserhebungen vor; sie beziehen sich zudem wegen des erheblichen Arbeitsaufwandes meist nicht auf die jüngste Vergangenheit. Da die Durchführung eigener Regressionsanalysen nicht in Betracht gezogen werden konnte, blieben zu unserem Untersuchungsziel zwei mit unterschiedlichen Unsicherheitsmomenten belastete Wege offen:

1. die Heranziehung von meist auf Querschnittsdaten beruhenden Regressionsanalysen, deren genau spezifizierte Prämissen nicht unbedingte Gültigkeit beanspruchen können;

2. die Verwendung ökonometrisch nicht aufbereiteter Zahlenreihen, bei denen eine exakte Isolierung der verschiedenen Einflußfaktoren und insbesondere einmaliger, zufälliger Umstände nicht möglich ist. Aus diesen Daten wurden durchschnittliche Jahresänderungsraten berechnet, durch die im allgemeinen Entwicklungsprozesse veranschaulicht werden.

Zur Vergleichbarkeit der aus den erwähnten zwei Datenkategorien gewonnenen Elastizitätskoeffizienten, die hier in erster Linie zur Beschreibung der Verbrauchsstrukturänderungen verwendet werden, ist folgendes zu bemerken:

Die aus Regressionsfunktionen errechneten Elastizitäten sind sogenannte Punktelastizitäten, d. h. sie geben das Verhältnis der Änderungsraten von Verbrauch und Einkommen bzw. anderen Bestimmungsfaktoren bei infinitesimal kleinen Änderungen an[1]. Bei den sogenannten Bogenelastizitäten hingegen werden Änderungsraten zwischen weiter auseinander liegenden Werten, wie denen verschiedener Jahre oder Größenklassen, zueinander in Beziehung gesetzt[2]. Die Höhe der Bogenelastizität hängt dabei auch von der Wahl des Bezugswertes ab, als welcher der obere oder untere Bogenendwert oder ein Mittelwert aus beiden dienen kann[3]. Allerdings fällt die Wahl des Bezugswertes besonders ins Gewicht bei Größen, die wechselweise zu- und abnehmen; bei Größen, die sich im allgemeinen nur in einer Richtung entwickeln, ist es weniger problematisch, jeweils den unteren Bogenendwert als Bezugsgrundlage zu wählen.

Davon abgesehen, weisen Punkt- und Bogenelastizitäten jedoch noch aus folgendem Grund einen größenmäßigen Unterschied auf:

Da die aus Regressionsfunktionen berechneten Änderungsraten sich auf infinitesimal kleine Bereiche beziehen, kumulieren sie sich innerhalb eines größeren Bogens und müssen deshalb kleiner sein als die entsprechenden Bogenänderungsraten. Der Unterschied ist um so größer, je größer der Abstand zwischen den beiden Bogenendwerten ist. Über das Verhältnis von Punkt- und Bogenelastizitäten läßt sich daher sagen:

1. Ist die Elastizität größer als Eins, d. h. wächst etwa der Konsum eines Gutes schneller als das Einkommen, so ist die Punktelastizität kleiner als die Bogenelastizität, da die Divergenz der Zähler größer ist als die der Nenner:

$$\frac{dC}{C} : \frac{dY}{Y} < \frac{C_2 - C_1}{C_1} : \frac{Y_2 - Y_1}{Y_1}\text{, da}$$

$$\frac{C_2 - C_1}{C_1} - \frac{dC}{C} > \frac{Y_2 - Y_1}{Y_1} - \frac{dY}{Y}\,.$$

2. Der umgekehrte Fall liegt vor bei Elastizitäten, die kleiner als Eins sind, d. h. die Punktelastizität ist dann größer als die Bogenelastizität:

$$\frac{dC}{C} : \frac{dY}{Y} > \frac{C_2 - C_1}{C_1} : \frac{Y_2 - Y_1}{Y_1}\text{, da}$$

$$\frac{C_2 - C_1}{C_1} - \frac{dC}{C} < \frac{Y_2 - Y_1}{Y_1} - \frac{dY}{Y}\,.$$

---

1 Sie haben die bekannte Form:

$$\frac{dC}{C} : \frac{dY}{Y}$$

2 z. B. in der Form:

$$\frac{C_2 - C_1}{C_1} : \frac{Y_2 - Y_1}{Y_1}$$

3 Die Vor- und Nachteile der verschiedenen Typen von Bogenelastizitäten werden dargelegt bei Allen, R. G. D., The Concept of Arc Elasticity of Demand, The Review of Economic Studies, vol. I, 1933/34, S. 226 ff.

3. Weisen C und Y die gleichen Änderungsraten auf, so ergibt sich nach beiden Berechnungsverfahren eine Elastizität von Eins.

Kontrollrechnungen zeigten, daß die zur Ergänzung des ökonometrisch verarbeiteten Zahlenmaterials selbstberechneten Bogenelastizitäten nur in einer für unser Untersuchungsziel bedeutungslosen Größenordnung von den Elastizitätswerten abweichen, die sich bei der Betrachtung von infinitesimal kleinen Änderungen ergeben hätten.

II. Die Elastizität des Nahrungsmittelverbrauchs

1. Die Elastizität des Nahrungsmittelverbrauchs als Ganzes

a) Querschnittselastizitäten

Alle neueren einschlägigen Arbeiten bestätigen die räumliche und zeitliche Allgemeingültigkeit des Engelschen Gesetzes und zeigen, daß die Elastizität der Haushaltsausgaben für Nahrungsmittel in bezug auf das Einkommen kleiner als Eins ist[4]. In den von Engel zur Illustration seines Gesetzes konstruierten Zahlenreihen entspricht die Entwicklung der marginalen Verbrauchsneigung und der Elastizität — beides Konzepte, die ihm noch nicht geläufig waren — bei wachsendem Einkommen allerdings nicht ganz unseren heutigen Vorstellungen[5]. Er hatte nur auf die Abnahme der Durchschnittsneigung, nicht auf die Abnahme oder zumindest Konstanz der Grenzneigung geachtet.

Rund hundert Jahre nach Engels Untersuchungen berechnete Houthakker aus den wichtigsten bis dahin vorliegenden Haushaltsuntersuchungen verschiedener Länder doppelt-logarithmische Engel-Kurven, die sich ja, wie bereits erwähnt, für internationale Vergleiche besonders eignen, und kam für die Elastizität der Nahrungsmittelausgaben in bezug auf die Gesamtkonsumausgaben zu den in Tabelle 2 wiedergegebenen Ergebnissen.

---

4 Oldenberg (Die Konsumtion, Grundriß der Sozialökonomik, II. Abt., 2., neubearb. Aufl., Tübingen 1923, S. 222) meint hierzu: „Dieses Engelsche Gesetz hätte man zwar bei einiger Überlegung schon von vornherein vermuten können, weil der Nahrungsaufwand physiologisch beschränkt ist; aber doch befriedigt es, das von selbst Einleuchtende auch statistisch im großen ganzen bestätigt zu finden . . .".

5 Engel selbst (a. a. O., S. 30 f.) spricht von einer geometrischen Progression der Nahrungsausgaben bei abnehmendem Wohlstand; Bickel und Leser (a. a. O.) unterstellen seinen Zahlen eine lineare Funktion, Houthakker (An International Comparison of Household Expenditure Patterns, Commemorating the Centenary of Engel's Law, Econometrica, vol. 25, 1957, S. 532 ff.) spricht von einer doppelt-logarithmischen Funktion — beides Interpretationen, die den Schönheitsfehler zwar anfänglich abnehmender, dann aber wieder zunehmender Grenzneigung korrigieren. Engels Zahlenbeispiel lautet im einzelnen:

Die meisten Werte beziehen sich auf städtische Haushalte. Eine vollständige Übereinstimmung der Merkmale der beobachteten Haushaltstypen ist bei internationalen Vergleichen kaum zu erreichen.

Die Rangordnung der Elastizitätswerte bietet, wie Houthakker selbst bemerkt, wenig Anhaltspunkte für eine systematische Deutung. Die Elastizitäten der hochentwickelten europäischen Länder sind zwar relativ gering, die der Vereinigten Staaten und Kanadas jedoch erstaunlich hoch. Da die Einflüsse unterschiedlicher Haushaltsgröße ausgeschaltet sind — Houthakker hat dafür spezielle Elastizitätskoeffizienten berechnet, auf die später noch eingegangen wird —, bleiben als möglicher Erklärungsfaktor die nicht explizit gemachten Unterschiede in den Preis- und Qualitätsstrukturen[6]. Mit wachsendem Wohlstand wächst die qualitative und preisliche Differenzierung des Nahrungsmittelangebots und damit die Neigung der Verbraucher, trotz der Sättigung des physiologischen Bedarfs ihre Ausgaben noch zu steigern; insbeson-

Einkommen	Anteil der Nahrungsmittelausgaben in %	Grenzneigung a)
200	72,96	0,6852
300	71,48	0,6600
400	70,11	0,6381
500	68,85	0,6195
600	67,70	0,6035
700	66,65	0,5897
800	65,69	0,5777
900	64,81	0,5671
1000	64,00	0,5575
1100	63,25	0,5485
1200	62,55	0,5410
1300	61,90	0,5350
1400	61,30	0,5305
1500	60,75	0,5[illegible]75
1600	60,25	0,5243
1700	59,79	0,5223
1800	59,37	0,5215
1900	58,99	0,5219
2000	58,65	0,5235
2100	58,35	0,5241
2200	58,08	0,5256
2300	57,84	0,5280
2400	57,63	0,5313
2500	57,45	0,5355
2600	57,30	0,5379
2700	57,17	0,5409
2800	57,06	0,5445
2900	56,97	0,5487
3000	56,90	

a) Eigene Berechnung.

[6] Vgl. Houthakker, H. S., a. a. O., S. 542.

Tabelle 2[a)]

Land	Jahr	Elastizität der Nahrungsmittelausgaben
Österreich	1954/55	0,554
Kanada	1947/48	0,647
Finnland	1950/51	0,621
Frankreich	1951	0,483
Deutschland	1907	0,537
	1927/28	0,473
Irland	1950/51	0,597
Italien	1952/53	0,602
Japan	1955	0,556
Mexiko	1931	0,657
Niederlande	1951	0,502
Norwegen	1952	0,515
Polen	1927	0,731
Schweden	1955	0,631
Schweiz	1919	0,460
Großbritannien	1937/38	0,519
USA	1901	0,712
	1950	0,692

a) Vgl. Houthakker, H. S., a. a. O., S. 541 f.

dere trifft dies für solche Nahrungsmittel zu, die weitgehend verarbeitet und veredelt sind und deshalb bereits einen großen Teil der Dienstleistungen enthalten, die sonst innerhalb des Haushalts für die Zubereitung aufgewendet werden müßten. Diese Annahme wird durch folgende Übersicht, die sich auf die Entwicklung des Nahrungsmittelverbrauchs in den USA während eines Zeitraums von 40 Jahren bezieht, bestätigt (vgl. Tab. 3).

Die Verhältnisse in den Vereinigten Staaten lassen darauf schließen, daß die vergleichsweise starke Zunahme des Verbrauchs von Nahrungsmitteln mit einem hohen Dienstleistungsanteil dann einsetzt, wenn auch hinsichtlich der Ausstattung mit langlebigen Gebrauchsgütern bereits eine gewisse Sättigung zu verzeichnen ist[7]; praktisch handelt es sich dabei um eine partielle Substitution der Nachfrage nach Gütern des tertiären Bereichs, deren Elastizität auf hohem Einkommensniveau zu den relativ höchsten gehört.

---

7 Vgl. Packard, V., Die große Verschwendung, Düsseldorf 1961, S. 61 ff.

Tabelle 3[a)]

	Ausgaben je Vollperson in den USA 1913—1954 Realwerte		
	Wert d. verbr. landw. Grundnahrungsmittel	Wert d. verbr. Dienstleist. zur Veredelung	Wert d. verbr. landw. Nahrungsmittel insges.
	Meßziffern		
1913	100	100	100
1920	94	94	94
1930	97	110	102
1940	99	129	111
1950	111	176	138
1954	112	190	144
	Durchschnittlicher Einkommenselastizitätskoeffizient		
	0,279	1,322	0,705

a) Die Tabelle findet sich in dieser Form in Schmucker, H., Die langfristigen Strukturwandlungen des Verbrauchs der privaten Haushalte in ihrer Interdependenz mit den übrigen Bereichen einer wachsenden Wirtschaft, in: Neumark, F. (Hrsg.), Strukturwandlungen einer wachsenden Wirtschaft, Schriften des Vereins für Socialpolitik NF, Bd. 30/I, Berlin 1964, S. 173, und wurde zusammengestellt nach Bunkers, E. W., Cochrane, W. W., On the Income Elasticity of Food Services, The Review of Economics and Statistics, vol. 39, 1957, S. 211 ff. — Vgl. auch Hanau, A., Arbeitsziele der landwirtschaftlichen Marktforschung, Agrarwirtschaft, Jg. 5, 1956, S. 37.

Unterschiedliche Werte von Elastizitätskoeffizienten verschiedener Länder und Zeitperioden, die, wie die der Houthakkerschen Arbeit, vom gleichen Autor nach einem einheitlichen ökonometrischen Verfahren berechnet wurden, müssen durch sachliche Unterschiede des Konsumverhaltens begründet sein. Vergleicht man andererseits die Ergebnisse verschiedener Untersuchungen, denen das gleiche Ausgangsmaterial zugrunde liegt, so müssen Abweichungen formal, d. h. durch die Verwendung verschiedener Regressionsansätze bedingt sein. Dies zeigt sich sogar schon in folgender Übersicht, in der zunächst nur auf doppeltlogarithmischen Engel-Kurven beruhende und auf die Gesamtausgaben bezogene Elastizitäten der Nahrungsmittelausgaben aufgeführt sind. Den Ergebnissen verschiedener Autoren sind die bereits erwähnten von Houthakker berechneten Werte gegenübergestellt, soweit sie sich auf dieselben Länder beziehen (vgl. Tab. 4).

Am auffälligsten ist die Divergenz im Falle Österreichs, die möglicherweise darauf zurückzuführen ist, daß Tintner Pro-Kopf-Daten verwendet, also die Gültigkeit der Homogenitätshypothese unterstellt[8], was

[8] Vgl. Tintner, G., a. a. O., S. 14 f.

Tabelle 4

Land	Jahr	Elastizitäten berechnet von Houthakker	anderen Autoren
Österreich	1954/55	0,554	0,46 a)
Großbritannien	1937/38	0,519	0,60 b)
			0,59 c)
Schweden	1933		0,32 d)
	1955	0,311	
USA	1901	0,712	
	1922/24		0,71 e)

a) Vgl. Tintner, G., a. a. O., S. 5.
b) Vgl. Houthakker, H. S., The Econometrics of Family Budgets, Journal of the Royal Statistical Society, Series A, vol. CXV, 1952, S. 18.
c) Vgl. Stone, R., a. a. O., S. 318.
d) Vgl. Wold, H. a. a. O., S. 265.
e) Vgl Lewis, H. G., Douglas, P. H., Studies in Consumer Expenditures (1901, 1918—19 1922—24), Studies in Business Administration, vol. 17, No. 3, Chicago 1947, S. 43.

ja bedeutet, daß die Summe von Einkommens- (hier Gesamtausgaben-) und Haushaltsgrößenelastizität gleich Eins ist. Houthakker hingegen geht von den Ausgaben des ganzen Haushalts aus und berechnet gesonderte Elastizitäten für die Abhängigkeit der Nahrungsmittelausgaben von den Gesamtausgaben und der Haushaltsgröße. Da bei ihm die Summe beider Elastizitätswerte jeweils kleiner als Eins ist[9], werden

[9] Die Elastizität der Nahrungsmittelausgaben in bezug auf die Familiengröße beträgt im einzelnen[a)]:

Land	Jahr	Elastizität
Österreich	1954/55	0,351
Kanada	1947/48	0,292
Finnland	1950/51	0,272
Frankreich	1951	0,466
Deutschland	1907	0,261
	1927/28	0,295
Irland	1950/51	0,323
Italien	1952/53	0,346
Japan	1955	0,309
Mexiko	1931	0,248
Niederlande	1951	0,291
Norwegen	1952	0,131
Polen	1927	0,213
Schweden	1955	0,311
Schweiz	1919	0,397
Großbritannien	1937/38	0,330
USA	1901	0,158
	1950	0,221

a) Vgl. Houthakker, H. S., An International Comparison . . ., a. a. O., S. 541 f.

„economies of scale" berücksichtigt. Im Falle der Homogenitätshypothese wird also die Haushaltsgrößenelastizität höher eingeschätzt, so daß die Gesamtausgabenelastizität bei gleichen Ausgangsdaten als geringer erscheinen muß[10].

Der Unterschied zwischen den beiden von Houthakker in verschiedenen Arbeiten berechneten Elastizitäten für Großbritannien (0,519 und 0,60) läßt sich nicht ohne weiteres erklären, da Houthakker nicht nur im ersten Fall der internationalen Vergleichbarkeit wegen von der Verwendung von Äquivalenzskalen für Personen verschiedenen Alters und Geschlechts absieht, im zweiten aber spezielle „children coefficients" berücksichtigt, sondern diese auch in anderer mathematischer Form in seine Funktion einführt. Um so bemerkenswerter ist es, daß Stone mit einer dritten Variante einer doppelt-logarithmischen Engel-Kurve (Daten pro Vollperson, außerdem Koeffizienten für Haushaltsgröße und soziale Stellung) zu einem ähnlichen Wert, nämlich 0,59 kommt. Auch die sich allerdings auf verschiedene Jahre beziehenden Elastizitäten für die USA und Schweden stimmen bei den verschiedenen Autoren recht gut überein.

Unterschiede zwischen den auf die Gesamtausgaben und den auf das Einkommen bezogenen Elastizitäten hängen, wie früher dargelegt, von der Elastizität der Gesamtausgaben in bezug auf das Einkommen ab. Stone nimmt, gestützt auf Houthakker, an, daß letztere für Großbritannien 1937/38 ungefähr einen Wert von 0,9 hat[11], und kommt daher zu einer Einkommenselastizität der Nahrungsmittelausgaben von 0,53. Aus den von Lewis und Douglas für die USA 1901 angegebenen Einkommens- bzw. Gesamtausgabenelastizitäten der Nahrungsmittelausgaben in Höhe von 0,61 bzw. 0,71 errechnet sich eine ähnliche Einkommenselastizität der Gesamtausgaben, nämlich 0,87.

Weitere Schwierigkeiten ergeben sich beim Vergleich von Elastizitätswerten, die nicht auf doppelt-logarithmischen Regressionsfunktionen,

---

[10] Beim Ansatz von Tintner ist

$$\log \frac{C_i}{n} = a + b \log \frac{Y}{n} \qquad b = \frac{\log C_i - \log n - a}{\log Y - \log n}$$

Bei Houthakker gilt:

$$\log C_i = b \log Y + g \log n + a$$

$$b = \frac{\log C_i - g \log n - a}{\log Y} \quad .$$

Wäre $g = 1 - b$, wären beide Ausdrücke für die Einkommenselastizität b identisch; wenn $g < 1 - b$, muß b im zweiten Fall größer sein.

[11] Vgl. Stone, R., a. a. O., S. 312. Auch Schmucker (Die langfristigen Strukturwandlungen ..., a. a. O., S. 175) kommt für Deutschland 1937 und 1950/51 zu Werten von 0,915 und 0,928.

sondern auf solchen mit je nach der Höhe des Einkommens oder anderer Einflußfaktoren variierender Elastizität basieren, da der Vergleich dann auf mittlere Werte der unabhängigen Variablen abgestellt werden muß. Allein durch die unterschiedliche Auswahl dieser Mittelwerte können Abweichungen der Elastizitäten erklärt werden. Bei den in Tabelle 5 aufgeführten Werten handelt es sich um solche mittleren Elastizitäten, denen soweit wie möglich entsprechende konstante Elastizitäten gegenübergestellt sind; die auftretenden Divergenzen sind hier jedoch nicht allzu groß.

Tabelle 5

Land	Jahr	konstante Elastizität	mittlerer Wert variabler Elastizität
Elastizität in bezug auf die Gesamtausgaben			
Großbritannien	1937/38	0,59 a)	0,59 b)
USA	1922/24	0,71 c)	0,72 c)
Schweiz	1919	0,46 d)	
Deutschland	1927/28	0,47 d)	
Elastizität in bezug auf das Einkommen			
Schweiz	1936/37		0,49 e)
Deutschland	1907	0,60 f)	
	1927/28	0,46 f)	0,47 g)
	1937	0,60 f)	
	1950/51	0,47 f)	0,48 g)
	1960/61	0,37 f)	
Großbritannien	1937/38	0,53 a)	0,69 h)
USA	1901	0,61 c)	0,57 c)
	1918/19	0,60 c)	0,62 c)

a) Vgl. Stone, R., a. a. O., S. 318, S. 327.

b) Vgl. Aitchison, J., Brown, J. A. C., a. a. O., S. 40.

c) Vgl. Lewis, H. G., Douglas, P. H., a. a. O., S. 20 f., S. 39, S. 43.

d) Vgl. Houthakker, H. S., An International Comparison ..., a. a. O., S. 541.

e) Vgl. Bickel, W., Leser, C., a. a. O., S. 77.

f) Vgl. Schmucker, H., Die langfristigen Strukturwandlungen ..., a. a. O., S. 174. Die vom Statistischen Bundesamt jüngst veröffentlichten Daten über die Verbrauchsstruktur von Haushalten mit höherem Einkommen im Vergleich zu solchen der mittleren Einkommensschicht deuten darauf hin, daß die Querschnittseinkommenselastizität der Nahrungsmittelausgaben — insgesamt und bei den einzelnen Gütergruppen — seit 1960/61 weiter abgenommen hat. Vgl. Reddies, H., Einnahmen und Ausgaben in ausgewählten Haushalten von Beamten und Angestellten mit höherem Einkommen, Wirtschaft und Statistik, H. 1, 1966, S. 28 ff.

g) Vgl. Gollnick, H., Ausgaben und Verbrauch in Abhängigkeit von Einkommen und Haushaltsstruktur, Hannover 1959 (Sonderheft 6/7 der „Agrarwirtschaft"), S. 237.

h) Vgl. Nicholson, J. L., Variations in Working Class Family Expenditure, Journal of the Royal Statistical Society, Series A, vol. CXII, 1949, S. 370.

Die von Lewis/Douglas und Nicholson verwendeten Regressionsfunktionen entsprechen dem Typ

$$C_i = a + bY + fY^2.$$

Aitchison/Brown benutzten sigmoide, Bickel/Leser lineare Funktionen. Bei Gollnick handelt es sich um Funktionen eines gemischten Typs:

$$C_i = a + b \log Y + fY \quad ^{12} .$$

Nicholsons und Gollnicks Werte beziehen sich nur auf 3-Personen-Haushalte; Einflüsse der Haushaltsgröße sind somit ausgeschaltet, während sie in den übrigen Fällen nicht explizit gemacht, sondern in der Einkommens- bzw. Gesamtausgabenelastizität mit enthalten sind[13]. Die von Schmucker verwendete Berechnungsmethode kann nicht näher erläutert werden, da die Verfasserin nur auf die nachträgliche Einfügung der die Elastizitätswerte enthaltenden Tabelle hinweist und sich eine spätere — offenbar bisher noch nicht erfolgte — Kommentierung vorbehält. Immerhin zeigt sich eine gute Übereinstimmung mit den von Gollnick ermittelten Werten.

b) *Zeitreihenelastizitäten*

Wird die zeitliche Entwicklung der Verbrauchsausgaben analysiert, wobei meist mehr oder minder deutlich eine prognostische Absicht verfolgt wird, so werden in vielen Veröffentlichungen lediglich die jeweiligen Anteile der verschiedenen Ausgabenkategorien am Einkommen oder an den Gesamtausgaben angegeben. Aus diesen allein läßt sich der genaue Wert von Elastizitäten nicht berechnen[14], sondern nur ent-

[12] Die Besonderheiten derartiger gemischter, verschiedene Potenzen und logarithmische Formen von Y enthaltender Kurventypen sollen nicht im einzelnen diskutiert werden, da sie sich häufig nur in geringfügigen Unterschieden in der Kurvenkrümmung manifestieren.

[13] Nicholson und Gollnick haben allerdings für mehrere Haushaltstypen getrennte Untersuchungen vorgenommen; die 3-Personen-Haushalte wurden hier zum Zwecke des Vergleichs ausgewählt.

[14] Da

$C_{i2} = (1 + r_{ci})\, C_{i1}$ $\qquad C_{i1}, Y_1$ = Konsum des Gutes i und Einkommen in der Periode 1

$Y_2 = (1 + r_y)\, Y_1$, $\qquad C_{i2}, Y_2$ = Konsum des Gutes i und Einkommen in der Periode 2

r_{ci}, r_y = Wachstumsraten von C_i und Y

läßt sich aus den Anteilsätzen C_{i1}/Y_1 *und* C_{i2}/Y_2 nur ableiten:

$$\frac{C_{i2}}{Y_2} \cdot \frac{Y_1}{C_{i1}} = \frac{1 + r_{ci}}{1 + r_y} \quad .$$

Aus diesem Ausdruck läßt sich die Elastizität r_{ci}/r_y ohne weitere Angaben nicht isolieren.

nehmen, ob er größer (Zunahme des Anteils) oder kleiner (Abnahme des Anteils) als Eins ist. Bei der als Ganzes hinlänglich erforschten Gruppe der Nahrungsmittel erübrigt es sich, auf diese Weise nochmals den unter Eins liegenden Wert der Einkommenselastizität aufzuzeigen. Bei anderen Güterkategorien oder einzelnen Gütern mag es allerdings von Interesse sein, wenigstens auf die Entwicklung der Anteile einzugehen, falls genauere Elastizitätswerte nicht in ausreichendem Maße zur Verfügung stehen.

Zur Ergänzung der obenstehenden Querschnittselastizitäten seien einige Werte angegeben, die aus den vom Statistischen Bundesamt veröffentlichten Wirtschaftsrechnungen von 4-Personen-Arbeitnehmerhaushalten mit mittlerem Einkommen berechnet wurden:

Tabelle 6[a)]

Jahre	jährliche Zuwachsraten (%)		Elastizität
	ausgabefähige Einnahmen[b)] (1)	Nahrungsmittelausgaben (2)	(2) : (1)
1950/58	8,8	6,5	0,739
1958/60	6,0	4,4	0,733
1960/62	8,6	5,0	0,581
1962/63	7,0	4,4	0,629
1950/63	8,2	5,7	0,695

a) Für die absoluten Einkommens- und Verbrauchszahlen vgl. Statistisches Jahrbuch für die Bundesrepublik Deutschland 1964, a. a. O., S. 523. Die jährlichen Zuwachsraten wurden als geometrisches Mittel aus den angegebenen mehrjährigen Perioden ermittelt.

b) Gesamteinnahmen abzügl. gesetzliche Versicherungen und Steuern.

Daß die hier ermittelten Elastizitätswerte höher sind als die Querschnittswerte von Gollnick und Schmucker, läßt darauf schließen, daß nur über die Zeit und gerade in einer Wohlstandsgesellschaft wirkende Einflußfaktoren, wie Preiserhöhungen, Einkommensverteilungsänderungen und die Gewöhnung an neu auf den Markt kommende, anspruchsvollere Qualitäten und Geschmacksvarianten, einen elastizitätserhöhenden Effekt hervorbringen. Allerdings ist zu berücksichtigen, daß der ausgewählte Haushaltstyp eine noch relativ einkommensschwache Schicht repräsentiert und die Elastizität ja, wie aus den Zahlen ebenfalls ersichtlich wird, mit wachsendem Einkommen tendenziell abnimmt.

In der bereits mehrfach zitierten französischen Konsumstrukturuntersuchung, in der für die zeitliche Entwicklung der Nahrungsmittelausgaben mit halb-logarithmischen Engel-Kurven gearbeitet und für die Periode 1950—1960 eine gesamtwirtschaftliche, auf die Gesamtkonsumausgaben bezogene Elastizität von 0,6 berechnet wird, ergibt sich für den Projektionszeitraum 1960—1970 eine Abnahme der Elastizität auf 0,4 [15]. Eine auf der Basis von 1956 vorgenommene Vorausberechnung der EWG gelangte zu dem Ergebnis, daß die Elastizität der mengenmäßigen Pro-Kopf-Nachfrage nach Nahrungsmitteln bis zum Jahre 1965 in Frankreich 0,50, in Italien 0,61 und in den Niederlanden 0,51 betragen werde[16].

2. Die Elastizität einzelner Güter des Nahrungsmittelbereichs

Die methodischen Erläuterungen des vorstehenden Abschnitts mögen angesichts dessen geringer praktischer Bedeutung für eine kritische Würdigung der Verbrauchsbesteuerung als zu breit erscheinen. Sie gelten jedoch auch für alle weiteren Vergleiche von Elastizitätswerten, soweit es sich um dieselben Materialquellen handelt.

Im folgenden seien die Güter des Nahrungsmittelbereichs je nach der Höhe der Einkommens- bzw. Gesamtausgabenelastizität der für sie getätigten Ausgaben in drei Gruppen zusammengefaßt:

a) Güter, für die die Elastizität in den meisten Berechnungen unter 0,4 liegt;

b) Güter, für die die Elastizität im allgemeinen größer als für diejenigen der Gruppe a), aber kleiner als Eins ist;

c) Güter, für die die Elastizität meist größer als Eins ist.

aa) Querschnittselastizitäten der Güter der Gruppe a)

Tabelle 7, in der die Querschnittselastizitäten der Ausgaben für einige in die erste Gruppe fallende Nahrungsmittel zusammengestellt sind, zeigt, daß innerhalb der für die Gruppe a) angegebenen Grenzen die Streuung der Werte in den einzelnen Spalten recht erheblich ist, jene jedoch nur in vereinzelten Fällen überschritten werden, so z. B. bei den Nährmitteln, was auf abweichende Konsumgewohnheiten zurückzuführen sein mag (Vorliebe der Angelsachsen für Hafer- und andere Getreideflocken zum Frühstück). Auch wenn eine Aufgliederung in

---

[15] Vgl. Projection de la Consommation . . ., a. a. O., S. 48 f.

[16] Vgl. Entwicklungstendenzen der Erzeugung und des Verbrauchs von Nahrungsmitteln in der EWG, Europäische Wirtschaftsgemeinschaft, Sammlung Studien, Reihe Landwirtschaft, Nr. 2, Brüssel 1960, S. 20.

Tabelle 7

Land	Jahr	Margarine	Schmalz	Brot	Kartoffeln	Hülsenfr.	Nährmittel	Zucker
Elastizität der Ausgaben in bezug auf die Gesamtausgaben								
konstante Elastizität								
Großbritannien[a]) ..	1937/38	– 0,17	– 0,10	– 0,06	0,23	0,20	0,54	0,10
b) ..		– 0,23	0,31	– 0,01	0,29	·	0,92	0,20
Österreich[c])	1954/55	– 0,00	0,05	– 0,08[d]) 0,15[e])	0,20	0,07	0,12[f]) – 0,03[g])	0,06
Mittelwert variabler Elastizität								
Großbritannien[h]) ..	1937/38							
working class ...		– 0,25	0,31	0,12	0,23	0,19	0,34[f]) 0,37[i])	0,27
middle class		0,02	0,18	0,21	0,20	0,23	0,41[f]) 0,27[i])	0,37
Elastizität der Ausgaben in bezug auf das Einkommen								
konstante Elastizität								
Großbritannien[j]) ..	1937/38	– 0,16	– 0,09	– 0,05	0,21	0,18	0,49	0,09
Mittelwert variabler Elastizität								
Deutschland[k])	1927/28	– 0,42	– 0,62	– 0,29[d]) 0,66[e])	— 0,10		0,15	0,18
	1950/51	– 0,31	– 0,29	— 0,19[d]) 0,52[e])	0,14		0,14	0,34

a) Vgl. Stone, R., a. a. O., S. 318.
b) Vgl. Houthakker, H. S., The Econometrics . . ., a. a. O., S. 18 f.
c) Vgl. Tintner, G., a. a. O., S. 6.
d) Schwarzbrot.
e) Weißbrot.
f) Reis.
g) Grieß.
h) Vgl. Prais, S. J., Houthakker, H. S., a. a. O., S. 106.
i) Getreideflocken.
j) Vgl. Stone, R., a. a. O., S. 322 ff.
k) Vgl. Gollnick, H., a. a. O., S. 235 f.

einzelne Güterarten gegeben ist, können Grenzüberschreitungen aufgedeckt werden: Die Elastizität der Ausgaben für Schwarzbrot ist z. B. besonders gering, während sie für Weißbrot über 0,5 liegt. Im übrigen lassen sich die Unterschiede in den Elastizitäten für ein bestimmtes Gut weder im Hinblick auf bestimmte Einflußfaktoren — wie z. B. die soziale Stellung bei den britischen Daten — noch auf die verwendeten Regressionsfunktionen genügend systematisieren. Versuche in dieser Richtung müßten sich derartig in Details verlieren, daß der Rahmen dieser Arbeit gesprengt würde.

Wie weiter oben bereits dargelegt (Teil B, II, 1), ist die Elastizität der Ausgaben für ein spezielles Konsumgut die Summe der Elastizität der Verbrauchsmenge und der des Güterpreises, jeweils bezogen auf das Einkommen bzw. die Gesamtausgaben; bei Querschnittsdaten ist die Elastizität der Güterpreise ein Gradmesser für die Verwendung höherer Güterqualitäten bei wachsendem Lebensstandard. Für alle in die Gruppe a) fallenden Güter ist schon die Möglichkeit der qualitativen Differenzierung des Angebots sehr begrenzt; infolgedessen ist der Unterschied zwischen den Elastizitäten der Verbrauchsmengen und -ausgaben nicht groß. Für die Höhe der Qualitätselastizität seien folgende Beispiele angeführt:

Tabelle 8

	Gr. Brit. 1937/38[a]	Dtschl. 1927/28[b]	Dtschl. 1950/51[b]	Österr. 1954/55[c]
Margarine . .	0,07	0,11	— 0,03	0,01
Schmalz	0,02	0,17	0,03	0,05
Schwarzbrot	0,04	— 0,01	0,04	.
Weißbrot . .		0,03	0,03	.
Kartoffeln . .	0,13	0,08	0,15	.
Zucker	0,04[d]	0,09	0,02	.

a) Vgl. Prais, S. J., Houthakker, H. S., a. a. O., S. 124.
b) Vgl. Gollnick, H., a. a. O., S. 235 f.
c) Vgl. Tintner, G., a. a. O., S. 15.
d) Vgl. Houthakker, H. S., The Econometrics . . ., a. a. O., S. 9.

Die Tatsache, daß die Qualitätselastizität auch negativ sein kann, deutet darauf hin, daß bei wachsendem Einkommen gerade die besseren Qualitäten eines bestimmten Gutes durch ein anderes Gut substituiert werden können, das als solches höher eingeschätzt wird. So wird offensichtlich hochwertige Margarine als Brotaufstrich durch Butter ersetzt, so daß nur noch billigere Margarinesorten zum Kochen nachgefragt werden.

ab) Zeitreihenelastizitäten der Güter der Gruppe a)

Aus den Daten der 4-Personen-Arbeitnehmerhaushalte einer mittleren Einkommensschicht ergeben sich für die zeitliche Entwicklung in der BRD 1950—1963 im Jahresdurchschnitt folgende Elastizitätswerte:

Tabelle 9[a)]

	Elastizität der Ausgaben (1)	Elastizität des Mengenverbr. (2)	Differenz zwischen (1) und (2) (3)
Margarine	0,317	0,256	0,061
Schmalz	— 1,549	— 1,220	— 0,329
Schwarzbrot	0,280	— 0,402	0,682
Weißbrot	0,720	— 0,061	0,781
Nährmittel	0,268	— 0,463	0,731
darunter: Mehl	— 0,171	— 0,610	0,439
Hülsenfrüchte ..	0,049	— 0,476	0,525
Kartoffeln	0,005	— 0,427	0,432
Salz, Essig, Gewürze	0,329	.	.
Zucker	— 0,012	— 0,061	0,049

a) Für die absoluten Zahlen vgl. Statistisches Jahrbuch für die Bundesrepublik Deutschland 1964, a. a. O., S. 524 f. Das Berechnungsverfahren ist wie oben bei Tab. 6 angegeben.

Die Werte der Spalte (3) umfassen hier neben der Qualitätselastizität auch die Elastizitätseffekte zeitlicher Preisänderungen:

$$(3) = \frac{\partial p_i}{\partial Y} \cdot \frac{Y}{p_i} \left(1 + \frac{\partial C_i}{\partial p_i} \cdot \frac{p_i}{C_i}\right)$$ [17]

$\partial p_i / \partial Y \cdot Y / p_i$ ist die Elastizität des Güterpreises in bezug auf das Einkommen, und zwar bewirkt durch die Verlagerung der Nachfrage auf andere Qualitäten *und* durch Änderungen des Preises bei gleichbleibender Qualität, die mit dem Einkommenswachstum zusammenhängen. $\partial C_i / \partial p_i \cdot p_i / C_i$ ist die Elastizität der verbrauchten Gütermenge in bezug auf den seinerseits von Y abhängigen eigenen Preis.

Mit Hilfe von Preisreihen könnte man versuchen, die Bestandteile der Differenz (3) wenigstens zum Teil zu isolieren, doch erscheint eine Quantifizierung mit so einfachen Berechnungsverfahren, wie sie hier

[17] Vgl. den Ausdruck oben S. 27.

angewendet werden können, als viel zu unzuverlässig[18]. Es sei lediglich darauf hingewiesen, daß die Preise für Margarine und Zucker während der betrachteten Periode konstant blieben und deutlich zu erkennen ist, daß infolgedessen die Differenz (3) bei diesen beiden Gütern viel geringer ist als bei den übrigen, die alle Preissteigerungen aufzuweisen hatten[19]. Je größer allerdings dem absoluten Betrag nach die (negative) Preiselastizität des Mengenverbrauchs ist, desto weniger führen Preiserhöhungen zu einer Erhöhung der Differenz (3). Da schwach einkommenselastische Güter in der Regel auch nur wenig preiselastisch sind, wirken sich Preiserhöhungen bei den Gütern der Gruppe a) doch in einer relativ hohen Differenz zwischen Ausgaben- und Mengenelastizitäten aus. Kreuzpreiselastizitäten konnten hier, wie in den meisten Fällen, nicht berücksichtigt werden.

Zu den komplexen Preiseinflüssen treten noch Verteilungswirkungen jeglicher Art, wenn nicht der Verbrauch ausgewählter Konsumententypen, sondern der durchschnittliche Pro-Kopf-Verbrauch ins Auge gefaßt wird. In Tabelle 10 sind für einige Güter die durchschnittlichen jährlichen Änderungsraten der Pro-Kopf-Verbrauchsmengen in der

Tabelle 10[a)]

	jährliche Änderungsrate 1955—1962 (%)	Elastizität in bezug auf den privaten Gesamtverbrauch
Getreideerzeugnisse (Mehlwert)	– 2,9	– 0,387
darunter: Brotgetreide (Mehlwert)	– 3,2	– 0,427
Reis (poliert)	5,6	0,717
Hülsenfrüchte	– 1,8	– 0,240
Kartoffeln	– 2,9	– 0,387
Zucker	1,3	0,173
Salz[b)]	– 2,2	– 0,293
privater Gesamtverbrauch	7,5	1

a) Vgl. für die absoluten Werte des privaten Verbrauchs: Das Sozialprodukt in den Jahren 1950 bis 1962, Wirtschaft und Statistik, H. 10, 1963, S. 587.
b) Vgl. Statistisches Jahrbuch für die Bundesrepublik Deutschland 1964, a. a. O., S. 521.

18 Auch die Heranziehung von Preiselastizitäten, die in ganz anderem Zusammenhang, wenn auch auf exaktere Weise, berechnet wurden, wäre u. E. problematisch.

19 Vgl. Statistisches Jahrbuch für die Bundesrepublik Deutschland 1964, a. a. O., S. 490.

BRD[20] sowie deren Elastizitäten in bezug auf den privaten Gesamtverbrauch je Einwohner aufgeführt[21].

Der Vergleich dieser Elastizitätswerte mit denen der Tabelle 9 zeigt keine besonders auffälligen Diskrepanzen außer bei Zucker, wo der Grund darin zu suchen ist, daß im ersten Fall nur der Verbrauch an Haushaltszucker, im zweiten aber auch die für die Süßwarenherstellung verwendete Menge erfaßt ist; Süßwaren besitzen jedoch, wie später ersichtlich werden wird, eine größere Einkommenselastizität als der von den Haushalten direkt nachgefragte Zucker. Reis, dessen Verbrauch in den früheren Übersichten nicht getrennt ausgewiesen werden konnte, scheint unter den Nährmitteln schon einem gehobeneren Bedarf zu entsprechen und gehört eigentlich zu den in der Gruppe b) zu behandelnden Gütern.

Soweit Berechnungen von Einkommenselastizitäten einzelner Konsumgüter zu Prognosezwecken vorliegen, ist in ihnen meist die Konstanz der Verteilungs- und Preisstrukturen unterstellt, so daß wir es hier wieder mit weitgehend isolierten Einkommensabhängigkeiten zu tun haben.

In der bereits erwähnten EWG-Studie[22] finden sich für einige der in unsere Gruppe a) fallenden Güter folgende Schätzwerte für die Elastizitäten der mengenmäßigen Pro-Kopf-Nachfrage in bezug auf das Einkommen im Zeitraum 1956—1965:

Tabelle 11

	BRD	BLWU[a)]	Frankr.	Ital.	Niederl.
Margarine	— 0,56	0,92	0,0		0,14
Zucker (raff.)	0,12	0,14	0,62	1,13	0,38
Weizen (Mehlw.)	— 0,45	— 0,30	— 0,09	— 0,03	— 0,41
Roggen (Mehlw.)	— 1,06				0,0
Reis (poliert)	0,32	0,47	0,0	0,41	1,28
Kartoffeln	— 0,67	— 0,34	— 0,25	0,13	— 0,15

a) Belgisch-Luxemburgische Wirtschafts-Union.

20 Vgl. Statistisches Jahrbuch für die Bundesrepublik Deutschland 1964, a. a. O., S. 522.

21 Vgl. hierzu und zu den übrigen Zeitreihenelastizitäten des mengenmäßigen Nahrungsmittelverbrauchs auch Stamer, H., Wolfram, R., Die Nachfrage nach Agrarprodukten. Elastizitäten und Entwicklungstendenzen, Hamburg und Berlin 1965. Die Ergebnisse dieser Untersuchung konnten nicht mehr im einzelnen verarbeitet werden; der Tendenz nach stimmen sie mit unseren Werten überein.

22 Vgl. Entwicklungstendenzen der Erzeugung und des Verbrauchs ..., a. a. O., S. 20.

Bei diesen Werten handelt es sich um „scheinbar" konstante Elastizitäten, d. h. die absoluten Verbrauchsmengen wurden anhand halblogarithmischer Engel-Kurven mit abnehmender Elastizität geschätzt, daraus aber a posteriori nach der Formel

$$E = \frac{\log C_{1965} - \log C_{1956}}{\log Y_{1965} - \log Y_{1956}}$$

die Elastizitäten berechnet, die für den Endpunkt der betrachteten Periode zu denselben absoluten Ergebnissen geführt hätten, falls für die ganze Periode konstante Elastizitäten bestanden hätten. Es sind also gewissermaßen Durchschnittselastizitäten, die den internationalen Vergleich erleichtern sollen. Dieser läßt jedoch kaum systematische Unterschiede, allenfalls die relative Unterentwicklung Italiens erkennen, da bis auf eine Ausnahme alle Elastizitätswerte für Italien höher sind als für die übrigen Länder.

Aus Engel-Kurven mit abnehmender Elastizität ergibt sich für Schweden 1930—1970 eine Elastizität des Pro-Kopf-Mengenverbrauchs von − 0,53 bis − 0,23 für Brotgetreide, 0,40 bis 0,27 für Zucker und − 0,20 bis − 0,10 für Kartoffeln[23] — Werte, die ebenfalls in den von uns für die Güter der Gruppe a) gesteckten Rahmen passen.

ba) Querschnittselastizitäten der Güter der Gruppe b)

Während die Gruppe a) ausschließlich Grundnahrungsmittel pflanzlichen Ursprungs enthielt, umfaßt die nun zu diskutierende Gruppe b) die meisten Nahrungsmittel tierischen Ursprungs sowie frisches Gemüse und feinere Backwaren. Da die Streuung der Ergebnisse der verschiedenen Untersuchungen bei diesen Gütern etwas größer und die Gruppe im Gegensatz zu den beiden Flügelgruppen nach oben und unten abgegrenzt ist, ist die Zuordnung mancher Güter zu dieser Gruppe nicht ganz eindeutig.

Wie bei Gruppe a) sind zunächst in Tabelle 12 die aus Querschnittsanalysen gewonnenen Elastizitätswerte der Verbrauchsausgaben wiedergegeben. In den Fällen, in denen eine stärkere Aufgliederung in einzelne Gütersorten vorliegt, sind jeweils der niedrigste und der höchste Elastizitätswert angegeben.

Bei Gemüse gilt der kleinere Wert immer für Wurzel- und der größere für grünes Gemüse, bei Fleisch- und Wurstwaren ist die Rangordnung für Rind-, Kalb-, Schweine- und Hammelfleisch sehr unterschiedlich. Hier kommen nationale Eigenarten, wie die Vorliebe der

---

[23] Vgl. Wold, H., a. a. O., S. 313.

Tabelle 12[a)]

Land	Jahr	Kuchen u. Backwaren (ohne Brot)	Fleisch- u. Wurstwaren	Eier	Milch	Butter	Käse	Gemüse	Fisch
Elastizität der Ausgaben in bezug auf die Gesamtausgaben									
konstante Elastizität									
Großbritannien	1937/38	0,81	0,38—0,78	0,60	0,54	0,41	0,24	0,94—1,03	0,98
		0,92	0,40—0,70	0,63	0,66	0,54	0,41	1,10	1,04
Österreich	1954/55	1,18	0,11—0,69	0,28	.[b)]	0,62	0,69	0,30	0,50 [c)]
									0,95 [d)]
Mittelwert variabler Elastizität									
Großbritannien	1937/38								
working class		.	0,41—0,66	0,48	0,45	0,39	0,39	0,61—0,64	0,60
middle class		.	0,40—0,93	0,45	0,18	0,35	0,61	0,62—0,90	0,78
Elastizität der Ausgaben in bezug auf das Einkommen									
konstante Elastizität									
Großbritannien	1937/38	0,73	0,34—0,70	0,54	0,50	0,37	0,21	0,85—0,93	0,88
Mittelwert variabler Elastizität									
Deutschland	1927/28	0,66	0,29	0,59	0,35	0,96	0,45	0,51	0,54
	1950/51	0,52	0,43	0,94	0,26	0,86	0,50	0,45	0,32

a) Die Quellen der Daten entsprechen den bei Tab. 7 angegebenen.
b) Der Wert fällt mit −0,57 so sehr aus dem Rahmen, daß er unberücksichtigt bleiben soll.
c) Frischfisch.
d) Konservierter Fisch.

Angelsachsen für Hammel- und die der Österreicher für Kalbfleisch zum Ausdruck — Schinken befindet sich allerdings stets unter den Fleischwaren mit der relativ höchsten Elastizität.

Schmucker, die unter den tierischen Nahrungsmitteln nur Butter als gesondertes Gut anführt, nennt für deren Einkommenselastizität anhand der verschiedenen deutschen Querschnittsuntersuchungen folgende Werte[24]:

1907	1,082
1927/28	0,301
1937	0,766
1950/51	0,757
1960/61	0,436

Auffällig ist die niedrige Elastizität für die Jahre 1927/28, die gar nicht zu dem von Gollnick berechneten Wert von 0,96 (vgl. Tab. 12) paßt.

Der Systematik des Abschnitts aa) folgend kommen wir nun zur Darstellung der zu den Querschnittselastizitäten der Ausgaben gehörigen Qualitätselastizitäten, die die Differenz zwischen Ausgaben- und Mengenelastizitäten ausmachen (vgl. Tab. 13). Alle Werte sind positiv und zeigen, daß bei den Gütern der Gruppe b) im allgemeinen weit mehr Möglichkeiten zum Übergang auf bessere Qualitäten bei steigendem Lebensstandard bestehen als bei denen der Gruppe a). Am niedrigsten ist die Qualitätselastizität im Durchschnitt bei Butter, die ja nur in zwei oder drei im Preis nicht stark divergierenden Sorten angeboten wird.

Tabelle 13[a)]

	Gr. Brit. 1937/38	Dtschl. 1927/28	Dtschl. 1950/51	Österr. 1954/55
Kuchen und Backwaren ..	.			0,17
Rindfleisch	0,18	} 0,15 (Rindfleisch bis Wurstwaren)	} 0,10 (Rindfleisch bis Wurstwaren)	0,07
Kalbfleisch	.			0,05
Schweinefleisch	0,06			0,02
Schinken	0,13			0,12
Wurstwaren ..	0,28			0,20
Eier	0,07	0,11	.	.
Fisch	0,29	0,42	0,27	.
Milch	0,09	0,13	0,24	.
Butter	0,01	0,05	0,02	0,02
Käse	0,05	0,29	0,15	0,06
Gemüse	.	0,34	0,17	.

a) Die Quellen der Daten entsprechen den bei Tabelle 8 angegebenen.

[24] Vgl. Schmucker, H., Die langfristigen Strukturwandlungen ..., a. a. O., S. 174.

bb) Zeitreihenelastizitäten der Güter der Gruppe b)

Die durchschnittlichen Elastizitäten des ausgaben- und mengenmäßigen Verbrauchs in bezug auf die ausgabefähigen Einnahmen der 4-Personen-Arbeitnehmerhaushalte einer mittleren Einkommensschicht in der BRD in den Jahren 1950—1963 sind für die Güter der Gruppe b) in Tabelle 14 aufgeführt.

Erstaunlicherweise finden sich auch in der Gruppe b) noch Güter, deren Mengenverbrauch im Zeitverlauf trotz steigender Einkommen absolut abnimmt, nämlich Milch und Fisch. Während es sich im ersten Fall um eine einkommensunabhängige, zeitliche Änderung der Verbrauchsgewohnheiten, insbesondere in der Säuglingsernährung, handeln dürfte, die in Querschnittsuntersuchungen nicht zum Ausdruck kommen kann, könnte im zweiten Fall der Grund darin liegen, daß mit wachsendem Lebensstandard nicht mehr preiswerte Fischsorten als Fleischsurrogat, sondern geringere Mengen von teuereren Delikateß-

Tabelle 14[a)]

	Elastizität der Ausgaben (1)	Elastizität des Mengenverbr. (2)	Differenz zwischen (1) und (2) (3)
Kuchen und Backwaren	1,354	0,963	0,391
Fleisch- und Wurstwaren ...	0,988	0,500	0,488
darunter: Rindfleisch	0,829	0,171	0,658
Schweinefleisch .	0,866	0,329	0,537
Schinken	2,207	1,537	0,670
Wurstwaren ...	1,037	0,646	0,391
Eier	0,561	0,402	0,159
Fisch	0,707	−0,232	0,939
davon: Frischfisch	0,524	−0,500	1,024
Fischwaren	0,793	−0,024	0,817
Vollmilch	0,073	−0,280	0,353
Butter	0,695	0,439	0,256
Käse	0,939	0,476	0,463
Gemüse	1,085	0,171	0,914
davon: Frischgemüse ..	0,915	0,061	0,854
Konserven	1,732	0,841	0,891

a) Für die absoluten Werte vgl. Statistisches Jahrbuch für die Bundesrepublik Deutschland 1964, a. a. O., S. 524 f.

sorten verbraucht werden. Bei allen Fleischwaren haben wohl die starken Preissteigerungen die Zunahme des Mengenverbrauchs gebremst[25], am wenigsten jedoch bei Schinken, dessen Ausgaben- und Mengenelastizität die höchsten innerhalb der Gruppe b) sind. Auch alle übrigen aufgeführten Güter haben während der betrachteten Periode Preissteigerungen erfahren, die sich in der Differenz (3) niederschlagen, mit Ausnahme von Eiern, bei denen diese Differenz vergleichsweise niedrig ist und in etwa der Qualitätselastizität der Querschnittsuntersuchungen entspricht.

Die Mengenelastizitäten aus den Repräsentativdaten der 4-Personen-Haushalte sollen nun wieder, soweit vorhanden, durch diejenigen des durchschnittlichen jährlichen Pro-Kopf-Verbrauchs ergänzt werden:

Tabelle 15[a)]

	jährliche Änderungsrate 1955—1962 (%)	Elastizität in bezug auf den privaten Gesamtverbrauch
Rindfleisch	3,8	0,507
Kalbfleisch	−0,7	−0,093
Schweinefleisch	3,1	0,413
Eier (kg)	4,6	0,613
Fisch (Filet)	−0,6	−0,080
Vollmilch	−1,3	−0,173
Butter	3,3	0,440
Käse	1,0	0,133
Quark	6,5	0,867
Gemüse	2,0	0,267

a) Berechnet nach den Daten im Statistischen Jahrbuch für die Bundesrepublik Deutschland 1964, a. a. O., S. 522.

Die Übereinstimmung mit den Werten der Tabelle 14 ist trotz der jetzt hinzukommenden Verteilungseinflüsse und der Unterschiedlichkeit der Beobachtungsperiode recht gut, wenn man noch einige Abweichungen in der Gütergruppierung berücksichtigt: Kalbfleisch ist in Tabelle 14 bei Rindfleisch miterfaßt, so daß dessen Elastizität dort geringer ist; ebenso ist dort bei Käse auch Quark einbegriffen, wodurch die Elastizität höher erscheint. In Tabelle 15 enthält die Position Voll-

[25] Die Preissteigerungsrate betrug pro Jahr im Durchschnitt von 1950 bis 1963 4,5 % für Schweine-, 5,6 % für Kalb- und 6,5 % für Rindfleisch (mittlere Qualitäten). Berechnet nach den absoluten Preisen im Statistischen Jahrbuch für die Bundesrepublik Deutschland 1964, a. a. O., S. 490 f.

milch auch Sahne, die wegen der hohen Elastizität des Verbrauchs später in Gruppe c) gesondert aufgeführt wird. Die Elastizität des Eierverbrauchs ist in Tabelle 14 deswegen geringer, weil die Menge dort in Stück berechnet ist und die Bevorzugung größerer und teuerer Sorten sich nicht in der Mengen-, sondern in der Qualitätselastizität niederschlägt.

Als letztes sind in Tabelle 16 wiederum die prognostizierten Einkommenselastizitäten für die EWG-Länder angegeben:

Tabelle 16[a)]

	BRD	BLWU	Frankreich	Italien	Niederlande
Rind- und Kalbfleisch ..	0,72	0,48	0,38	0,96	0,51
Schweinefleisch	0,50	0,27	0,25	0,21	0,38
Eier	0,92	0,20	0,29	0,23	0,77
Milch u. Sahne	−0,04	0,04	−0,05	0,37	0,0
Käse	0,33	0,20	0,36	0,44	0,55
Butter	0,52	−0,31	0,24	0,88	1,47
Gemüse	0,27	0,20	0,35	0,46	0,33

a) Vgl. Entwicklungstendenzen der Erzeugung und des Verbrauchs . . ., a. a. O., S. 20.

Ein Vergleich der deutschen Werte mit denen der Tabelle 15 zeigt, daß im allgemeinen die Zunahme der Pro-Kopf-Verbrauchsmengen der Güter der Gruppe b) in der Prognose als etwas zu hoch eingeschätzt erscheint, was zum Teil auf die angenommene Konstanz der relativen Preise zurückzuführen ist.

Die für Schweden für die Jahre 1930—1970 ermittelten Einkommenselastizitäten des Pro-Kopf-Mengenverbrauchs betragen 0,30 bis 0,19 für Fleisch, 0,70 bis 0,56 für Eier, 0,10 bis 0,07 für Milch und 0,48 bis 0,39 für Käse[26].

ca) Querschnittselastizitäten der Güter der Gruppe c)

Bei den Gütern der Gruppe c) ist die Übereinstimmung der Querschnittselastizitäten in bezug auf das Einkommen bzw. die Gesamtausgaben, wie aus Tabelle 17 ersichtlich, im allgemeinen befriedigend; eine Ausnahme bilden die von Stone berechneten Werte für Schokolade- und Süßwaren, die extrem niedrig, allerdings auch statistisch nicht signifikant sind[27]. Auffallend ist weiterhin, daß bei den nach

26 Vgl. Wold, H., a. a. O., S. 313.
27 Vgl. Stone, R., a. a. O., S. 339.

Tabelle 17[a)]

Land	Jahr	Geflügel und Wild	Sahne	Obst	Schokolade u. Süßwaren	fertige Mahlzeiten und Mahlzeiten außer Haus
Elastizität der Ausgaben in bezug auf die Gesamtausgaben						
konstante Elastizität						
Großbritannien	1937/38	1,30	1,90	1,34	0,24	2,66
		1,34	1,97	1,53	.	2,36
Österreich	1954/55	1,43	0,99	0,88	1,50	1,20
Mittelwert variabler Elastizität						
Großbritannien	1937/38					
working class		0,75	0,85	.	.	1,08
middle class		1,83	1,34	.	.	2,53
Elastizität der Ausgaben in bezug auf das Einkommen						
konstante Elastizität						
Großbritannien	1937/38	1,17	1,71	1,21	0,22	2,39
Deutschland[b)]	1927/28	.	.	.	.	1,921
	1950/51	.	.	.	.	1,487
	1960/61	.	.	.	.	1,281
Mittelwert variabler Elastizität						
Deutschland	1927/28	.	.	1,01	.	.
	1950/51	.	1,54	0,92	1,41[c)] 0,98[d)]	.

a) Die Quellen der Daten entsprechen, soweit nicht gesondert aufgeführt, den bei Tab. 7 angegebenen.
b) Vgl. Schmucker, H., Die langfristigen Strukturwandlungen ..., a. a. O., S. 174.
c) Schokolade. — d) Sonstige Süßwaren.

der sozialen Stellung untergliederten britischen Werten die Elastizität der schon einen gewissen Luxuscharakter tragenden Güter bei der Mittelklasse durchweg höher ist als bei den Arbeitern.

Die zu den Querschnittswerten gehörigen reinen Qualitätselastizitäten, die allerdings nur in einigen Fällen vorliegen, sind alle positiv (vgl. Tab. 18):

Tabelle 18[a)]

	Großbritannien 1937/38	Deutschland 1927/28	Deutschland 1950/51	Österreich 1954/55
Sahne	.	.	0,08	.
Obst	0,13 [b)]	0,23	0,17	.
Schokolade .	.	.	0,03	0,04
Süßwaren ..	.	.	0,65	0,29

a) Die Quellen der Werte entsprechen den bei Tabelle 8 angegebenen.
b) Nur Südfrüchte.

cb) Zeitreihenelastizitäten der Güter der Gruppe c)

Die aus den Wirtschaftsrechnungen deutscher 4-Personen-Arbeitnehmerhaushalte der mittleren Einkommensschicht in den Jahren 1950 bis 1963 berechneten durchschnittlichen Elastizitäten zeigen folgendes Bild:

Tabelle 19[a)]

	Elastizität der Ausgaben (1)	Elastizität des Mengenverbrauchs (2)	Differenz zwischen (1) und (2) (3)
Sahne	1,500	1,280	0,220
Obst	1,085	0,463	0,622
darunter: einheim. Frischobst	1,000	0,232	0,768
Südfrüchte	1,280	1,366	−0,086
Konserven	1,183	0,878	0,305
Schokolade	1,341	1,378	−0,037
andere Süßwaren	0,939	0,805	0,134
alkoholfreie Getränke	2,280	.	.
fertige Mahlzeiten	1,585	.	.

a) Für die absoluten Zahlen vgl. Statistisches Jahrbuch für die Bundesrepublik Deutschland 1964, a. a. O., S. 524 f.

Die besonders in den späteren Jahren der betrachteten Periode erfolgten Preissenkungen bei Südfrüchten und Schokolade sind die Ursache für den negativen Wert der Differenz zwischen Ausgaben- und Mengenelastizität bei diesen Gütern. Für einheimisches Frischobst sind Preissteigerungen und daher eine relativ hohe Differenz (3) zu verzeichnen.

Die Mengenelastizität des Pro-Kopf-Verbrauchs in der BRD (vgl. Tab. 20) konnte nur für Geflügel und Obst berechnet werden, wobei der völlig aus dem Rahmen fallende Wert für einheimisches Obst hauptsächlich durch die Auswahl der Periodengrenzen zustande kommt; der Verbrauch schwankte nämlich von Jahr zu Jahr erheblich und lag sowohl 1961 als auch 1963 über dem des Jahres 1962.

Tabelle 20[a)]

	jährliche Änderungsrate 1955—1962 (%)	Elastizität in bezug auf den privaten Gesamtverbrauch
Geflügel	18,6	2,48
Frischobst	0,3	0,04
Südfrüchte	8,4	1,12

a) Für die absoluten Werte vgl. Statistisches Jahrbuch für die Bundesrepublik Deutschland 1964, a. a. O., S. 522.

Den Abschluß bilden wieder die entsprechenden Elastizitätswerte des Pro-Kopf-Mengenverbrauchs der EWG-Länder, wie sie für die Jahre 1956—1965 geschätzt wurden:

Tabelle 21[a)]

	BRD	BLWU	Frankreich	Italien	Niederlande
Geflügel	3,17	0,95	0,85	0,79	3,72
einheimisches Obst	0,75	0,62	0,66	0,85	0,51
Südfrüchte	1,66	0,39	0,29	1,18	1,13

a) Vgl. Entwicklungstendenzen der Erzeugung und des Verbrauchs . . ., a. a. O., S. 20, S. 35.

Die hohe Elastizität des Geflügelverbrauchs in der Bundesrepublik und den Niederlanden ist teils durch Geschmacksveränderungen, teils durch wenn auch nicht absolute, so doch relative Preissenkungen gegenüber anderen Fleischsorten bedingt.

III. Die Elastizität des Genußmittelverbrauchs

1. Vorbemerkung

Wir kommen nun zu der Gruppe von Gütern, die traditional eine große Rolle als Gegenstand spezieller Verbrauchsteuern spielen. Ohne Rücksicht auf die Argumente medizinischer oder ethisch-normativer Natur, die sich vielleicht für eine Besteuerung dieser Güter anführen lassen, soll auch hier, wie bei allen anderen Güterkategorien, lediglich durch eine Analyse des tatsächlichen, beobachtbaren oder zu erwartenden Verhaltens der Verbraucher die Grundlage für ein Urteil über die Belastungswirkungen und die Ertragselastizität dieser Steuern gelegt werden.

Die Berechnung von Einkommens- bzw. Gesamtausgabenelastizitäten für Genußmittel ist mit einigen zusätzlichen Unsicherheiten behaftet. Ein nicht unerheblicher Teil dieser Güter wird in Gaststätten konsumiert und ist in den Haushaltsrechnungen nicht von den Mahlzeiten außer Haus zu trennen. Außerdem besteht Grund zu der Annahme, daß von den buchführenden Haushalten bzw. einzelnen Haushaltsmitgliedern aus Furcht vor moralischer Mißbilligung besonders über die Ausgaben für Tabak und alkoholische Getränke nicht wahrheitsgemäß berichtet wird und die Elastizitäten deshalb als zu niedrig erscheinen. Stone stützt sich daher bei diesen Gütern nur auf die Verbrauchsdaten marktstatistischer Zeitreihen[28], bei denen dann aber die verschiedenen Einflußfaktoren schwerer zu isolieren sind. Hinzu kommt schließlich, daß bei Gütern, die der Besteuerung unterliegen, die zeitliche Entwicklung des Verbrauchs durch im Preis überwälzte Steuersatzvariationen modifiziert werden kann. Diese sind jedoch nicht zwangsläufig wachstumsbedingt, und ihre Wirkungen müßten so gut wie möglich aus der Betrachtung ausgeklammert werden.

Auf eine Darstellung der Elastizität des Genußmittelverbrauchs insgesamt soll verzichtet werden, da die Gruppenbildung in den einzelnen Untersuchungen zu unterschiedlich — z. B. werden Kaffee, Tee und Kakao manchmal zu den Nahrungsmitteln gerechnet, alkoholische mit den nichtalkoholischen Getränken zusammengefaßt usw. — und die

---

[28] Vgl. Stone, R., a. a. O., S. 388.

Tabelle 22[a)]

Land	Jahr	Zigaretten	Zigarren	sonstige Tabakwaren	Bier	Wein	Branntwein u. Likör	Kaffee	Tee	Kakao
Elastizität der Ausgaben in bezug auf die Gesamtausgaben										
konstante Elastizität										
Großbritannien	1937/38	.	.	.	.	.	.	1,58	0,05	— 0,11
				0,85[b)]	.	.	.	1,17	0,27	0,27
Österreich	1954/55			0,88[b)]	0,70	1,34	1,00	0,86	0,57	0,37
Mittelwert variabler Elastizität										
Großbritannien	1937/38									
working class		0,94	.	0,76	.	.	.	0,74	0,37	0,23
middle class		0,16	.	0,85	.	.	.	1,42	0,68	0,25
Elastizität der Ausgaben in bezug auf das Einkommen										
konstante Elastizität										
Großbritannien	1937/38	.	.	.	.	.	.	1,42	0,04	— 0,10
Mittelwert variabler Elastizität										
Deutschland	1927/28			0,49[b)]	0,82	.	.	1,06	.	.
	1950/51	1,59	1,15	— 0,08	1,02	2,29	1,84	1,80	.	0,64

a) Die Quellen der Daten entsprechen der bei Tab. 7 angegebenen. b) Tabakwaren insgesamt.

Anzahl der hier in Frage kommenden Güter zu gering ist, als daß das Einbeziehen oder Weglassen des einen oder anderen Gutes die Gruppenelastizität nicht merklich verändern würde.

2. Die Elastizität des Verbrauchs einzelner Genußmittel

a) Querschnittselastizitäten

In Tabelle 22 sind als erstes wieder, soweit vorhanden, die Ergebnisse einiger Querschnittsuntersuchungen zusammengefaßt.

Die breite Streuung der Elastizitätswerte bestätigt die relative Ungesichertheit der Ergebnisse. Als besonders unrealistisch erscheint der extrem niedrige Wert der Elastizität für den Zigarettenverbrauch der britischen Mittelklasse. Allgemein läßt sich aus der Übersicht ablesen, daß die Ausgaben für Tabakwaren, alkoholische Getränke und Kaffee verhältnismäßig elastisch, die für Tee und Kakao hingegen recht unelastisch sind, sei es, weil diese Güter nur wenig geschätzt werden oder weil sie, wie z. B. Tee in England, sozusagen zum Existenzbedarf gehören.

Angaben über reine Qualitätselastizitäten stehen nur aus der österreichischen Querschnittsanalyse für einige Güter zur Verfügung. Alle Werte sind positiv, aber sehr niedrig[29]:

Bier	0,02	
Wein	0,12	
Kaffee	0,05	
Tee	0,07	(0,069[30])

b) Zeitreihenelastizitäten

Nebenstehende Tabelle 23 zeigt die zeitliche Entwicklung des Genußmittelverbrauchs in der Bundesrepublik in den Jahren 1950—1963 anhand der Daten der 4-Personen-Arbeitnehmerhaushalte einer mittleren Einkommensschicht.

Die negativen Differenzen zwischen den Ausgaben- und Mengenelastizitäten sind außer bei Bier auf Steuersenkungen zurückzuführen, die im Jahre 1953 bei Kaffee von 13 auf 4 DM je kg Röstkaffee und bei Tee von 15 auf 3 DM je kg erfolgten[31]. Infolgedessen sind die festgestellten Mengenelastizitäten für diese Güter sicher viel höher als in einer Periode ohne solch drastische Steuer- und Preissenkungen. Die

---

[29] Vgl. Tintner, G., a. a. O., S. 7.

[30] Dieser Wert bezieht sich auf Großbritannien 1937/38. Vgl. Houthakker, H. S., The Econometrics . . ., a. a. O., S. 9.

[31] Die im Jahre 1959 vorgenommenen Steuererhöhungen waren ohne Einfluß auf die Preise, da sie nur zum Ausgleich von Zollsenkungen erfolgten.

Tabelle 23a)

	Elastizität der Ausgaben (1)	Elastizität des Mengenverbr. (2)	Differenz zwischen (1) und (2) (3)
Zigaretten	1,415	.	.
	1,194b)	1,194	0,0
Zigarren	0,465	.	.
	0,583b)	0,431	0,152
sonstige Tabakwaren	– 0,756	.	.
Wein und Most ..	1,256	0,378	0,878
Bier	1,732	1,866	– 0,134
Branntwein u. Likör	1,707	.	.
Kaffee	1,524	1,988	– 0,464
Tee	0,465	0,695	– 0,230
Kakao	0,500	0,451	0,049

a) Berechnet nach den absoluten Zahlen im Statistischen Jahrbuch für die Bundesrepublik Deutschland 1964, a. a. O., S. 524 f.
b) Die Werte dieser Zeile gelten nur für die Jahre 1958—1963.

Verbrauchsteuern auf Tabakwaren, von denen Zigaretten eindeutig die größte Einkommenselastizität aufweisen, wurden Anfang 1957 ebenfalls gesenkt, doch liegen für den Zeitraum 1950—1958 keine Angaben über den Mengenverbrauch vor. Die 1952 vorgenommene Senkung der Schaumweinsteuer von 3 auf 1 DM je 1/1-Flasche kommt in der Differenz (3) bei der Position Wein und Most nicht zum Ausdruck, da bei diesen Gütern bei im übrigen recht stabilen Preisen der Übergang zu teuereren Qualitäten im Vordergrund steht.

Die Mengenelastizitäten für den Pro-Kopf-Verbrauch an Genußmitteln in der BRD können nicht für die Periode 1950—1962 insgesamt berechnet werden, weil die auf der Steuerstatistik beruhenden Verbrauchszahlen seit 1959 nicht mehr pro Kopf der Bevölkerung, sondern pro potentiellen Verbraucher, das sind bei Tabakwaren und alkoholischen Getränken Personen über 15 Jahre, ausgewiesen werden. In Tabelle 24 sind daher die Elastizitätswerte für zwei sich überschneidende Teilperioden nebeneinandergestellt.

Außer für Branntwein sind alle Elastizitätswerte der zweiten Zeitperiode kleiner als die entsprechenden der ersten, was zu einem großen Teil darauf zurückzuführen ist, daß ab 1957 keine Steuersenkungen mehr erfolgten, aber auch mit der generell zu beobachtenden Abnahme der Elastizität bei steigendem Lebensstandard zusammenhängt. Nach wie vor gehören jedoch Zigaretten, alkoholische Getränke (darunter besonders Schaumwein) und Kaffee zu den recht elastischen, Tabak, Zigarren und Tee zu den Gütern des weniger einkommenselastischen Bedarfs[32].

Tabelle 24[a)]

	Verbrauch pro Kopf 1950—1959		Verbrauch pro potentiellen Verbraucher 1957—1962	
	jährliche Änderungs-rate (%)	Elastizität in bezug auf den priv. Gesamt-verbrauch	jährliche Änderungs-rate (%)	Elastizität in bezug auf den priv. Gesamt-verbrauch
Zigaretten	10,9	1,267	7,0	1,000
Zigarren	0,4	0,047	— 4,4	— 0,629
Feinschnitt ...	— 7,2	— 0,837	— 5,9	— 0,843
Pfeifentabak ..	— 9,5	— 1,105	— 10,1	— 1,443
Bier	10,5	1,221	5,9	0,843
Branntwein ..	5,3	0,616	8,6	1,229
Schaumwein ..	24,5	2,849	15,0	2,143
Kaffee	18,2	2,116	7,0	1,000
Tee	11,1	1,291	2,0	0,286
priv. Gesamt-verbrauch ..	8,6	1	7,0	1

a) Die Ausgangsdaten stammen aus folgenden Quellen: Statistisches Jahrbuch für die Bundesrepublik Deutschland 1960, Stuttgart und Mainz 1960, S. 529. — Statistisches Jahrbuch für die Bundesrepublik Deutschland 1961, Stuttgart und Mainz 1961, S. 522. — Statistisches Jahrbuch für die Bundesrepublik Deutschland 1964, a. a. O., S. 521. — Verbrauch und Besteuerung von verbrauchsteuerpflichtigen Waren 1925—1938 und 1949—1955, Statistik der Bundesrepublik Deutschland, Bd. 133, Stuttgart 1956, S. 60 f. — Das Sozialprodukt in den Jahren 1950 bis 1962, a. a. O., S. 587.

In Tabelle 25 sind schließlich aus den verschiedensten Veröffentlichungen entnommene Einkommens- bzw. Gesamtausgabenelastizitäten für die zeitliche Entwicklung der Verbrauchsausgaben für Genußmittel zusammengestellt. Die Werte beziehen sich allerdings auf unterschiedliche vergangene und zukünftige Zeitperioden.

Abgesehen von der wiederum sehr geringen Elastizität des Tabakverbrauchs in Großbritannien ist die Übereinstimmung der Werte bei den zusammengefaßten Gruppen Tabakwaren und alkoholische Getränke außerordentlich gut, während die Einzelwerte für Bier und

---

32 Vgl. auch: Sehr gute konjunkturelle Entwicklung auf dem Getränkemarkt, Ifo-Schnelldienst, Jg. 18, Nr. 28, 1965, S. 4 ff.

Wein doch stark die nationalen Eigenarten der Konsumgewohnheiten widerspiegeln; die Elastizitäten sind jeweils für die am weitesten verbreitete Getränkeart am kleinsten.

Tabelle 25

Land	Jahre	Elastizität der Ausgaben für			
		Tabakwaren	Bier	Wein	Branntwein
USA[a)]	1929/40	0,5			1,0[b)]
	1947/58	0,8			0,8[b)]
hochentwickelte europäische Länder insgesamt[c)]	1960/70	0,6			0,8[b)]
Deutschland[d)]	1956/65	·	1,11	·	·
BLWU[d)]	1956/65	·	0,06	·	·
Frankreich[e)]	1950/60	0,7	·	·	·
[d)]	1956/65	·	1,73	0,26	·
[e)]	1960/70	0,6	·	·	·
Italien[d)]	1956/65	·	0,71	0,56	·
Niederlande[f)]	1929/58	0,62	·	·	·
[d)]	1956/65	·	2,41	·	·
Großbritannien[g)]	1920/38	0,20	0,54	1,59	0,8

a) Vgl. Paradiso, L. J., Smith, M. A., Consumer Purchasing and Income Patterns, Survey of Current Business, vol. 39, No. 3, 1959, S. 25.
b) Alkoholische Getränke insgesamt.
c) Vgl. Dewhurst, J. F., Coppock, J. O., Yates, P. L. u. a , a. a. O., S. 163.
d) Vgl. Entwicklungstendenzen . . ., a. a. O., S. 20; die Werte beziehen sich hier auf den Mengenverbrauch, der unter der Annahme konstanter Preise geschätzt wurde.
e) Vgl. Projection de la Consommation . . ., a. a. O., S. 48 f.
f) Vgl. Barten, A. D , Consumer Demand Functions under almost Additive Preferences, Econometrica, vol. 32, 1964, S. 24.
g) Vgl. Stone, R., a. a. O., S. 390.

IV. Die Elastizität der Ausgaben für Bekleidung

1. Die Elastizität der Bekleidungsausgaben als Ganzes

a) Querschnittselastizitäten

Mit dem Abschluß der Darstellung der Elastizitäten des Nahrungs- und Genußmittelverbrauchs verlassen wir diejenigen Güterkategorien, für die eine Untergliederung in eindeutig abgrenzbare und der Anzahl nach überschaubare Einzelgüter relativ leicht ist. Bei den Gütern des Bekleidungssektors ist die Entscheidung darüber, was als modische Varianten ein und desselben Gutes oder als verschiedene Güter anzusehen ist, schwer zu treffen: darüber hinaus ist, besonders wenn man nicht nur auf den Verwendungszweck, sondern auch auf Material und Verarbeitungsform abstellt, die Substituierbarkeit der Güter untereinander groß und wird ständig von Geschmackswandlungen verändert, so daß die in einer bestimmten Periode zu beobachtenden Entwicklungstendenzen nicht zu verallgemeinern sind. In allen einschlägigen Untersuchungen und Statistiken wird daher höchstens in die Gruppen Oberbekleidung, Unterbekleidung, Schuhe und sonstiger persönlicher Bedarf oder in Herren-, Damen- und Kinderkleidung gegliedert — eine Beschränkung, die in der Natur der Untersuchungsobjekte liegt und auch mit einem größeren statistischen Aufwand kaum befriedigend zu überwinden wäre.

Die auf die gesamten Verbrauchsausgaben bezogenen Querschnittselastizitäten der Bekleidungsausgaben insgesamt sind, wie Houthakker nachweist, in den letzten Jahrzehnten in allen hochentwickelten Ländern größer als Eins, aber erheblich kleiner als Zwei gewesen (vgl. Tab. 26). Es zeigt sich allerdings wieder, daß „no particular pattern is apparent in the elasticities for different countries, and here again prices may have been an important determinant“[33].

Tabelle 26[a)]

Land	Jahr	Elastizität der Bekleidungsausgaben in bezug auf die Gesamtausgaben	Elastizität der Bekleidungsausgaben in bezug auf die Familiengröße
Österreich	1954/55	1,767	— 0,350
Kanada	1947/48	1,337	— 0,114
Finnland	1950/51	1,622	— 0,310
Frankreich	1951	1,158	0,232
Deutschland	1907	1,498	0,061
	1927/28	1,049	0,102
Irland	1950/51	1,177	0,009
Italien	1952/53	1,042	— 0,733
Japan	1955	1,593	— 0,051
Niederlande	1951	1,088	0,001
Norwegen	1952	1,266	— 0,044
Polen	1927	1,784	— 0,497
Schweiz	1955	1,119	0,003
Schweiz	1919	1,445	0,044
Großbritannien ..	1937/38	1,096	0,139
USA	1901	1,435	0,016
	1950	1,280	0,080

a) Vgl. Houthakker, H. S., An International Comparison . . ., a. a. O., S. 542.

33 Vgl. Houthakker, H. S., An International Comparison ..., a. a. O., S. 542.

Die gleichzeitig in Tabelle 26 aufgeführten Familiengrößenelastizitäten waren in den meisten Ländern geringfügig positiv, in einigen sogar negativ. Dies bedeutet, daß bei gleichem Haushaltseinkommen größere Haushalte kaum mehr, manchmal auch weniger für Bekleidung ausgeben als kleinere. Die Summe aus Gesamtausgaben- und Familiengrößenelastizität ist bis auf eine Ausnahme (Italien) immer größer als Eins. Im Vergleich zu kleineren Haushalten mit gleichem Pro-Kopf-Einkommen geben also Haushalte mit größerer Mitgliederzahl pro Kopf mehr für Bekleidung aus. Der spezifische Effekt der „economies of scale". nämlich die Möglichkeit zu rationellerem Wirtschaften, wird hier völlig überdeckt vom Einkommenseffekt, d. h. die größeren Haushalte verwenden die Pro-Kopf-Einsparungen, die sie insbesondere bei den Nahrungsmitteln machen[34], zum Teil für zusätzliche Bekleidungsausgaben.

Soweit für die von Houthakker herangezogenen Länder auch von anderen Autoren Einkommens- bzw. Gesamtausgabenelastizitäten aus Querschnittsdaten berechnet wurden, sind sie in Tabelle 27 jenen gegenübergestellt.

Hinsichtlich der den Elastizitätsberechnungen zugrunde liegenden Regressionsfunktionen und ihrer relevanten Unterschiede sei auf die bei den entsprechenden Werten für den Nahrungsmittelverbrauch gemachten Ausführungen auf S. 61 ff. verwiesen. Für die besonders auffälligen Divergenzen bei den mittleren Werten variabler Elastizitäten für Großbritannien dürfte neben der Verschiedenheit der verwendeten Engel-Kurven-Typen wiederum auch die unterschiedliche Höhe der ausgewählten Einkommensklasse verantwortlich sein. Der Grund für die völlig aus dem Rahmen fallende Höhe des von Tintner ermittelten österreichischen Werts (2,22) liegt darin, daß einerseits hier im Gegensatz zu allen übrigen Fällen die Ausgaben für Schuhe ausgeklammert wurden, die, wie später ersichtlich werden wird, weniger elastisch sind als die für die übrigen Bekleidungsgruppen, und daß andererseits die Benutzung der Homogenitätshypothese zu einer Höherschätzung der Reagibilität auf Veränderungen der gesamten Verbrauchsausgaben führt[35].

b) Zeitreihenelastizitäten

Die landläufige Vorstellung über die Entwicklung der Ausgaben für Bekleidung bei wachsendem Lebensstandard ist, daß der Anteil dieser Ausgaben an den Gesamtausgaben ungefähr konstant bleibe, die Ela-

---

34 Vgl. oben S. 62.

35 Die in Fußnote 10 auf S. 63 gebrachte Ableitung bestätigt diesen Zusammenhang für den Fall $g > 1-b$.

Tabelle 27

Land	Jahr	Elastizität der Bekleidungsausgaben				
		in bezug auf die Gesamtausgaben			in bezug auf das Einkommen	
		konstante Elastizität		Mittelwert variabler Elastizität	konstante Elastizität	Mittelwert variabler Elastizität
		Houthakker[a)]	andere Autoren			
USA	1901	1,435			1,07[b)]	1,00[b)]
	1918/19				1,19[b)]	1,19[b)]
	1922/24		1,20[b)]	1,16[b)]		
	1950	1,280				
Großbritannien ..	1937/38	1,096	1,16[c)]	0,89[d)]		1,19[e)]
Österreich	1954/55	1,767	2,22[f)]			
Schweiz	1919	1,445				
	1936/37					1,12[g)]
Deutschland	1907	1,498				
	1927/28	1,049				1,17[h)]
	1950/51					1,41[h)]

a) Übernommen aus Tab. 26.
b) Vgl. Lewis, H. G., Douglas, P. H., a. a. O., S. 22 f., S. 39, S. 43.
c) Vgl. Houthakker, H. S., The Econometrics . . ., a. a. O., S. 18 f.
d) Vgl. Aitchison, J., Brown, J. A. C., a. a. O., S. 40.
e) Vgl. Nicholson, J. L., a. a. O., S. 370.
f) Vgl. Tintner, G., a. a. O., S. 5.
g) Vgl. Bickel, W., Leser, C., a. a. O., S. 77.
h) Vgl. Gollnick, H., a. a. O., S. 237. — Aus der Verbrauchsstichprobe 1962/63 ergibt sich ein Wert von etwa 1,33 für die Elastizität der Bekleidungsausgaben in bezug auf die gesamten Verbrauchsausgaben. Vgl. Euler, M., Die Struktur des Privaten Verbrauchs nach vorläufigen Ergebnissen der Einkommens- und Verbrauchsstichprobe 1962/63, Wirtschaft und Statistik, H. 8, 1965, S. 492.

stizität also etwa gleich Eins sei. Mit diesem Wert wird auch in den meisten Projektionen gearbeitet, so z. B. in den Verbrauchsvorausschätzungen bis 1970 für Frankreich[36] und die westeuropäischen Industrieländer insgesamt[37]. Während jedoch die Querschnittselastizitäten zum größten Teil über Eins liegen, also auf eine Zunahme des Anteils

Tabelle 28 a)

	durchschnittliche jährliche Änderungsrate (%)	Elastizität in bezug auf die ausgabefähigen Einnahmen
1950/58	8,7	0,989
1958/60	5,4	0,900
1960/62	7,3	0,849
1962/63	8,3	1,186
1950/63	8,0	0,976

a) Berechnet nach den Angaben im Statistischen Jahrbuch für die Bundesrepublik Deutschland 1964, a. a. O., S. 523.

der Bekleidungsausgaben bei wachsendem Einkommen hindeuten, ergibt sich bei näherer Betrachtung der zeitlichen Entwicklung während des letzten Jahrzehnts in vielen Fällen eine Elastizität von kleiner als Eins. Das trifft z. B. zu für die Bekleidungsausgaben der 4-Personen-Arbeitnehmerhaushalte mit mittlerem Einkommen in der BRD (vgl. Tab. 28).

Die Elastizität der durchschnittlichen Pro-Kopf-Ausgaben der privaten Haushalte für Bekleidung ist im Vergleich zu den obigen Ergebnissen noch geringer; sie betrug im Durchschnitt der Jahre 1950—1962 0,765 [38].

Die Einkommenselastizität der Bekleidungsausgaben in den Vereinigten Staaten, die vor dem 2. Weltkrieg noch etwa 1,0 betrug, hatte in den Jahren 1945—1958 nur noch einen Wert von ungefähr 0,5 [39]; aus der Entwicklung der Verbrauchsstruktur japanischer städtischer Privathaushalte ergibt sich eine Elastizität der Bekleidungsausgaben in bezug auf die Gesamtausgaben von 0,824 für die Zeit von 1951—1960[40], und

---

36 Vgl. Projection de la Consommation . . ., a. a. O., S. 48 f.

37 Vgl. Dewhurst, J. F., Coppock, J. O., Yates, P. L. u. a., a. a. O., S. 250.

38 Für die absoluten Zahlen vgl. Statistisches Jahrbuch für die Bundesrepublik Deutschland 1964, a. a. O., S. 557.

39 Vgl. Paradiso, L. J., Smith, M. A., a. a. O., S. 25.

40 Vgl. Die Entwicklung des Konsums in Japan, Japanhandel, Informationsblatt des deutsch-japanischen Wirtschaftsbüros Hamburg, No. 22, 1961, S. 3; Quelle der dort angegebenen Daten: Budget Bureau, Office of the Prime Minister.

auch in der Schweiz nahm der Anteil dieser Ausgaben von 1950—1960 bei den Arbeiterfamilien von 10,7 % auf 9,7 % und bei den Angestelltenfamilien von 11,1 % auf 9,8 % ab[41], was gleichbedeutend ist mit einer Elastizität von kleiner als Eins. Lediglich in Ländern mit vergleichsweise niedrigem Lebensstandard, wie Italien (geschätzte Elastizität 1958—1965 1,20, 1965—1970 1,13[42]) und die UdSSR (1955 20,5 %, 1959 22,2 % der Gesamtverbrauchsausgaben[43]), ist noch mit einer überproportionalen Zunahme der Bekleidungsausgaben zu rechnen.

Zur Erklärung der Unterschiede zwischen Querschnitts- und Zeitreihenelastizitäten lassen sich zwei Gründe anführen: Zum einen sind im Bekleidungssektor zwar meist nicht absolute, aber doch relative Preissenkungen zu beobachten — in der BRD z. B. betrug der Preisindex für Bekleidung 1963 109,5 (1958 = 100), der für die gesamte Lebenshaltung jedoch 112,8[44]. Allerdings vergrößert sich auch in den europäischen Ländern die in den USA besonders ausgeprägte preisliche Kluft zwischen der billigen Massenkonfektion und der einen hohen Dienstleistungsanteil enthaltenden, teueren Modellkonfektion oder Einzelanfertigung. Die Bevorzugung des einen oder anderen Genres — und damit kommen wir zum zweiten Gesichtspunkt — dürfte aber zu einem großen Teil immer noch von der sozialen Gruppenzugehörigkeit und weniger von der absoluten Einkommenshöhe bestimmt sein.

2. Die Elastizität einzelner Kategorien von Bekleidungsausgaben

a) Querschnittselastizitäten

Werden nun die Bekleidungsausgaben auf die wenigen bereits oben erwähnten Untergruppen aufgeteilt und die nach den verschiedenen Gliederungsgesichtspunkten gewonnenen Ergebnisse (vgl. Tab. 29) kombiniert, so kann man feststellen, daß in den Querschnittsanalysen im allgemeinen die Ausgaben für Damen- und Kinderoberbekleidung am elastischsten sind. Zwar liegen keinerlei Zahlenangaben für eine Berechnung von getrennten Qualitäts- und Mengenelastizitäten vor, doch ist anzunehmen, daß besonders bei Damenkleidung mit wachsendem Lebensstandard nicht nur die Ausgaben pro Kleidungsstück zunehmen,

---

41 Vgl. Müller, W., a. a. O., S. 293.

42 Vgl. Righi, C., Recent Trends of Private Consumption in Italy and Estimates of Probable Modifications in its Pattern for the Years 1965 and 1970, Banca Nazionale del Lavoro, Quarterly, vol. XIV, 1961, S. 451.

43 Vgl. Ruban, M.-E., Der private Warenverbrauch in der UdSSR. Entwicklung und Vergleich mit der Bundesrepublik Deutschland, Vierteljahreshefte zur Wirtschaftsforschung, H. 3, 1961, S. 279.

44 Vgl. Statistisches Jahrbuch für die Bundesrepublik Deutschland 1964, a. a. O., S. 489.

Tabelle 29

Land	Jahr	Ober-bekleidung	Unter-bekleidung	Schuhe	Herren-kleidung	Damen-kleidung	Kinder-kleidung
Elastizität der Ausgaben in bezug auf die Gesamtausgaben							
konstante Elastizität							
Großbritannien[a]	1937/38			0,74	1,17	1,47	1,32
working class[b]				0,52	0,81	1,04	1,45
middle class[b]				0,91	1,27	1,35	1,74
Österreich[c]	1954/55	2,224		1,475			
Elastizität der Ausgaben in bezug auf das Einkommen							
konstante Elastizität							
Deutschland[d]	1927/28	1,131	1,307	1,315			
	1937	1,258	0,906	0,717			
	1950/51	1,645	1,209	0,832			
	1960/61	1,213	1,087	0,743			
Mittelwert variabler Elastizität							
Deutschland[e]	1950/51	1,81	1,05	0,69			

a) Vgl. Houthakker, H. S., The Econometrics . . ., a. a. O., S. 18 f.
b) Vgl. Prais, S. J., Houthakker, H. S., a. a. O., S. 107.
c) Vgl. Tintner, G., a. a O., S 5
d) Vgl. Schmucker, H., Die langfristigen Strukturwandlungen . . ., a. a. O., S. 174.
e) Vgl. Gollnick, H., a. a. O., S. 237.

sondern auch die Anzahl der gekauften Kleidungsstücke erheblich steigt, weil dann kurzfristigen Modewechseln eher gefolgt werden kann und auch das Bedürfnis nach einer für verschiedene Gelegenheiten stärker differenzierten Garderobe auftritt. Bei der Kinderkleidung dürfte vor allem der zunehmende Verzicht auf Umarbeitung und Weiterverwendung bereits von Eltern oder größeren Geschwistern getragener Stücke für die hohe Elastizität der Ausgaben maßgeblich sein. Die Ausgaben für Schuhe haben in allen Untersuchungen die kleinste, meist unter Eins liegende Elastizität aufzuweisen.

b) Zeitreihenelastizitäten

Zur Charakterisierung der zeitlichen Entwicklung der einzelnen Kategorien von Bekleidungsausgaben stehen für die Bundesrepublik lediglich die Wirtschaftsrechnungen der ausgewählten 4-Personen-Haushalte zur Verfügung[45]. Aus ihnen ergeben sich nach dem von uns angewendeten Berechnungsverfahren für die Jahre 1950—1963 Ausgabenelastizitäten von 1,171 für Oberbekleidung, 0,707 für Unterbekleidung, 0,524 für Schuhe und 1,0 für sonstigen persönlichen Bedarf. Auch die Zeitreihenanalysen für andere Länder zeigen, daß die Elastizitäten für Unterbekleidung und insbesondere für Schuhe unter Eins liegen[46].

V. Die Elastizität der Ausgaben für Wohnung, Heizung und Beleuchtung

1. Vorbemerkung

In seinem Beitrag zur Festgabe für Franz Žižek hatte Gerloff 1936 alle bis dahin erschienenen kritischen Stellungnahmen zum Engelschen Gesetz und zu dem sogenannten Schwabeschen Gesetz[47], in dem die Abnahme auch des Anteils der Mietausgaben bei wachsendem Einkommen behauptet wird, zusammengestellt und mit diesen seine eigene Auffassung über die begrenzte Gültigkeit beider Gesetze untermauert[48]. Seiner Meinung nach nimmt zunächst der Anteil der Ausgaben für die

45 Vgl. für die Ausgangsdaten Statistisches Jahrbuch für die Bundesrepublik Deutschland 1964, a. a. O., S. 523.

46 Vgl. Projection de la Consommation ..., a. a. O., S. 48 f. — Bentzel, R., Schwedens Konsum 1931—1965, Skandinaviska Banken, Vierteljahresbericht, Jg. 39, Nr. 1, 1958, S. 22. — Paradiso, L. J., Smith, M. A., a. a. O., S. 25.

47 Vgl. Schwabe, G., Das Verhältnis von Miete und Einkommen, Berlin 1868.

48 Vgl. Gerloff, W., Regelmäßigkeiten und Wandlungen des Verbrauchs in der häuslichen Wirtschaft, in: Flaskämper, P., Blind, A. (Hrsg.), Beiträge zur deutschen Statistik, Festgabe für Franz Žižek zur 60. Wiederkehr seines Geburtstages, Leipzig 1936, S. 194 ff.

einzelnen Bedarfsgruppen zu bis zur Erreichung eines bestimmten Haushaltseinkommens, der sogenannten Einkommensschneide, deren Höhe jedoch für jede Güterkategorie unterschiedlich ist — eine Vorstellung, die den in der modernen Engel-Kurven-Theorie diskutierten, aber in der empirischen Verbrauchsforschung aus Praktikabilitätsgründen kaum verwendeten sigmoiden Regressionsfunktionen entspricht[49].

Daß die in unserer Untersuchung aufgeführten, für die letzten Jahrzehnte gültigen Elastizitätswerte zwar das Engelsche, aber nicht unbedingt das Schwabesche Gesetz bestätigen, steht mit Gerloffs These durchaus im Einklang. Denn zweifellos ist heute in den hochentwickelten Ländern die Einkommensschneide für Nahrungsmittel bei der breiten Masse der Haushalte bereits überschritten, während dies bei der höher liegenden der Wohnungsausgaben noch nicht immer der Fall ist. Allerdings muß darauf hingewiesen werden, daß in fast allen betrachteten Ländern und Zeiträumen die Höhe des Anteils der Mietausgaben wegen mehr oder minder starker Wohnraumknappheit durch Bewirtschaftung, staatliche Preisfestsetzung usw. einer- und erhebliche Preissteigerungen für frei vermietbare Wohnungen andererseits zu stark verzerrt war, als daß „normale" Gesetzmäßigkeiten sich klar durchzusetzen vermochten.

Die Ausgaben für Heizung und Beleuchtung werden deswegen in diesem Abschnitt mitbehandelt, weil sie zum größten Teil nicht von der Entwicklung des Einkommens direkt, sondern von der Höhe der Mietausgaben abhängen. Zwar kann u. U. die Intensität der Heizung und Beleuchtung bei wachsendem Einkommen steigen, doch fällt die Entscheidung über die Höhe der Heizungs- und Beleuchtungskosten im allgemeinen mit der Wahl der Wohnung bzw. deren Größe und Ausstattung.

2. Die Elastizität von Miet-, Heizungs- und Beleuchtungsausgaben insgesamt

Da die Querschnittselastizitäten des von Houthakker angestellten internationalen Vergleichs im Gegensatz zu den von allen anderen Autoren berechneten unter der Rubrik „Housing" nur die Ausgaben für Miete, Heizung und Beleuchtung gemeinsam erfassen, werden sie in diesem Abschnitt gesondert behandelt. Ihre Werte sind in Tabelle 30 wiedergegeben.

Die Elastizität in bezug auf die Gesamtausgaben ist im Durchschnitt kleiner als Eins, jedoch größer als die der Nahrungsmittelausgaben. „The pattern is again fairly random[50]."

[49] Vgl. oben S. 31 f.
[50] Vgl. Houthakker, H. S., An International Comparison ..., a. a. O., S. 543.

Tabelle 30[a)]

Land	Jahr	Elastizität in bezug auf die Gesamtausgaben	Elastizität in bezug auf die Familiengröße
Österreich	1954/55	0,741	−0,210
Kanada	1947/48	1,114	−0,447
Finnland	1950/51	0,802	0,008
Frankreich	1951	1,098	−0,652
Deutschland	1907	0,913	−0,154
	1927/28	0,906	0,196
Irland	1950/51	0,705	−0,221
Japan	1955	0,861	−0,383
Niederlande	1951	0,613	−0,001
Norwegen	1952	0,800	0,031
Polen	1927	0,662	−0,068
Schweden	1955	0,803	−0,008
Schweiz	1919	0,824	−0,137
Großbritannien	1937/38	0,477	−0,045
USA	1901	0,839	−0,111
	1950	0,895	−0,287

a) Vgl. Houthakker, H. S., An International Comparison . . ., a. a. O., S. 542.

Die Elastizitäten in bezug auf die Familiengröße sind bis auf wenige Ausnahmen nicht sehr von Null verschieden und meist negativ. Dies bedeutet, daß größere Familien eher weniger als mehr für ihre Wohnungen ausgeben als kleinere mit vergleichbarem Haushaltseinkommen. Zwar nimmt mit wachsender Familiengröße auch die Größe der Wohnung zu, der Mietpreis pro qm sinkt jedoch, da größere Familien sich mit billigeren, weniger gut gelegenen und ausgestatteten Wohnungen begnügen müssen[51]. Die Summe aus Gesamtausgaben- und Familiengrößenelastizität ist mit einer Ausnahme in allen Fällen kleiner als Eins, d. h. also, daß bei gleichem Pro-Kopf-Einkommen der Anteil der Wohnungsausgaben an den Gesamtausgaben bei größeren Familien geringer ist als bei kleineren[52]. Die in Wohlstandsgesellschaften zu beobachtende Tendenz zur Auflösung von Großfamilien[53] dürfte demnach mit einer Erhöhung der Elastizität der gesamtwirtschaftlichen Wohnungsausgaben verbunden sein.

[51] Vgl. David, M. H., Family Composition and Consumption, Amsterdam 1962, S. 53 ff. — Sobotschinski, A., Die Zusammenhänge zwischen Miete und Einkommen, Wirtschaft und Statistik, Jg. 11, 1959, S. 411 ff.

[52] Auch dieser Zusammenhang wird in den erwähnten Arbeiten von David und Sobotschinski bestätigt.

[53] Vgl. oben S. 51.

3. Die getrennten Elastizitäten für die beiden Ausgabenkategorien Miete und Heizung/Beleuchtung

a) Querschnittselastizitäten

Tabelle 31 gibt eine Übersicht über die von verschiedenen Autoren nach verschiedenen Verfahren berechneten Querschnittselastizitäten der Ausgaben für Miete, Heizung und Beleuchtung.

Tabelle 31

Land	Jahr	Miete	Heizung u. Beleuchtung
Elastizität der Ausgaben in bezug auf die Gesamtausgaben			
konstante Elastizität			
Großbritannien[a)]	1937/38	0,62	0,58
working class[b)]		0,66	.
middle class[b)]		0,57	.
Österreich[c)]	1954/55	0,20	0,58
Mittelwert variabler Elastizität			
Großbritannien[d)]	1937/38	0,88	0,75
Elastizität der Ausgaben in bezug auf das Einkommen			
konstante Elastizität			
USA[e)]	1901	0,75	0,50
	1918/19	0,68	0,49
Großbritannien[f)]	1937/38	.	0,35
Deutschland[g)]	1907	1,520	0,653
	1927/28	1,008	0,861
	1937	0,641	0,472
	1950/51	0,784	0,725
	1960/61	0,637	0,823
Mittelwert variabler Elastizität			
USA[e)]	1901	0,71	0,53
	1918/19	0,65	0,51
Großbritannien[h)]	1937/38	0,48	0,73
Schweiz[i)]	1936/37	0,63	0,75
Deutschland[j)]	1927/28	0,87	0,65
	1950/51	0,51	0,40

a) Vgl. Houthakker, H. S., The Econometrics . . ., a. a. O., S. 18.
b) Vgl. Prais, S. J., Houthakker, H. S , a. a. O, S. 107.
c) Vgl. Tintner, G , a. a. O., S. 5.
d) Vgl. Aitchison, J., Brown, J. A. C., a. a O., S. 40.
e) Vgl. Lewis, H. G., Douglas, P. H., a. a. O., S. 24 ff.
f) Vgl. Stone, R , a. a. O., S. 400.
g) Vgl. Schmucker, H., Die langfristigen Strukturwandlungen . . ., a. a. O., S. 174.
h) Vgl. Nicholson, J. L., a. a. O., S 370.
i) Vgl. Bickel, W., Leser, C., a. a. O., S. 77.
j) Vgl. Gollnick, H., a. a. O., S. 237.

Besonders die Divergenzen zwischen den einzelnen Elastizitäten der Mietausgaben sind erheblich; sie im einzelnen auf die Einflüsse der verschiedenen Berechnungsverfahren, Lebenshaltungsniveaus, Konsumgewohnheiten und Wohnungsmarktsituationen zurückzuführen, würde eine Spezialuntersuchung erfordern.

Daß das Schwabesche Gesetz heute in der Bundesrepublik für den Querschnitt der Bevölkerung durchaus Gültigkeit besitzt, kann an der Tabelle 32, die auf den Ergebnissen der Wohnungserhebung von 1960 basiert, abgelesen werden[54]. Der Anteil der Haushalte, die einen relativ niedrigen Prozentsatz ihres Einkommens für Miete ausgeben, wächst mit steigendem Einkommen.

Tabelle 32[a)]

monatliches Haushalts-einkommen	% der Mehrpersonenhaushalte, deren Mietausgaben ... % ihres Einkommens ausmachen				
	unter 5 %	5—10 %	10—15 %	15—20 %	über 20 %
unter 200	0,9	6,5	16,9	*22,3*	**53,4**
200— 300	1,9	17,0	**31,8**	22,8	*26,5*
300— 400	2,9	*33,0*	**36,9**	17,0	10,2
400— 500	3,9	**39,2**	*37,1*	13,5	6,3
500— 600	6,5	**46,4**	*32,7*	10,7	3,7
600— 700	9,3	**51,8**	*28,9*	7,2	2,8
700— 800	13,2	**55,6**	*24,1*	5,5	1,6
800— 900	16,3	**56,5**	*20,8*	4,7	1,7
900—1000	*20,6*	**55,1**	19,3	3,6	1,4
1000—1100	*25,4*	**52,6**	16,7	3,9	1,4
1100—1200	*28,1*	**53,5**	14.1	2,9	1,4
1200—1500	*31,6*	**51,8**	12,8	2,6	1,2
1500—2000	*35,2*	**47,3**	12,2	3,8	1,5
2000 u. m.	*42,4*	**46,2**	9,2	1,7	0,5

fette Ziffern = stärkste Gruppe kursive Ziffern = zweitstärkste Gruppe

a) *Quelle:* Sobotschinski, A., Die Mietbelastung der Haushalte, Wirtschaft und Statistik, H. 1, 1963, S. 26.

b) *Zeitreihenelastizitäten*

Die Elastizitäten für die zeitliche Entwicklung der Mietausgaben und der Ausgaben für Heizungs- und Beleuchtungsenergie lassen eine in Richtung auf eine Abnahme des Anteils dieser Ausgaben wirkende Gesetzmäßigkeit viel weniger erkennen, sondern deuten darauf hin,

[54] Auch die Ergebnisse der Verbrauchsstichprobe 1962/63 zeigen dies; vgl. Euler, M., a. a. O., S. 492.

daß der Anteil wenigstens mittelfristig noch im Zunehmen begriffen ist. Für die BRD ergibt sich aus den Wirtschaftsrechnungen der 4-Personen-Haushalte mit mittlerem Einkommen für den Durchschnitt der Jahre 1950—1963 zwar eine Einkommenselastizität der Mietausgaben von 0,976 und der Heizungs- und Beleuchtungsausgaben von 0,939 [55], für die volkswirtschaftlichen Pro-Kopf-Ausgaben betragen die Werte jedoch für 1950/62, bezogen auf den gesamten privaten Verbrauch pro Kopf, 1,129 und 1,424 [56], wobei für beide Kategorien seit 1959 eher eine Zunahme denn eine Abnahme der Elastizitäten zu verzeichnen ist. Der Unterschied zwischen den aus verschiedenem Ausgangsmaterial gewonnenen Ergebnissen kann einmal damit zusammenhängen, daß sich solche Haushalte, die gerade erst gegründet worden oder in neuere und teuerere Wohnungen umgezogen sind, schlecht zu Wirtschaftsrechnungen heranziehen lassen, zum andern aber auch damit, daß bei den Wirtschaftsrechnungen Ausgaben für Eigenheime unter den sonstigen Verbrauchsausgaben, in den Volkswirtschaftlichen Gesamtrechnungen die Mietwerte von Eigentümerwohnungen jedoch bei den Wohnungsausgaben erfaßt werden.

Auch in anderen Ländern ist eine im Verhältnis zu den Gesamtausgaben überproportionale Entwicklung der Wohnungsausgaben zu beobachten. So betrug in den USA in den Nachkriegsjahren (1945—1958) die Elastizität der Mietausgaben 1,4, die der Energieausgaben 1,8 [57]; für Italien wurden die entsprechenden Werte für die Jahre 1958—1970 auf 1,10 und 1,26 [58] und für Frankreich für 1960—1970 auf 1,2 [59] geschätzt.

Während bei den Mietausgaben vor allem die überdurchschnittlichen Preissteigerungen[60] für die größere Elastizität im Zeitvergleich verantwortlich sein dürften — das oft gehörte Argument, daß auch das Anspruchsniveau sich unabhängig vom Einkommenswachstum generell erhöht habe, scheint uns nicht stichhaltig zu sein —, zeichnet sich beim Energieverbrauch eine Strukturverschiebung zugunsten „sauberer“, aber auch teuererer Arten wie Gas, Öl und insbesondere Elektrizität ab. Dies zeigen deutlich die in Tabelle 33 zusammengefaßten Ergebnisse amerikanischer Untersuchungen über die langfristige Entwicklung des Heizenergieverbrauchs der Haushalte bis zum Jahr 2000:

---

55 Berechnet nach den Angaben im Statistischen Jahrbuch für die Bundesrepublik Deutschland 1964, a. a. O., S. 523.

56 Vgl. für die absoluten Werte Statistisches Jahrbuch für die Bundesrepublik Deutschland 1964, a. a. O., S. 557. Es handelt sich ausschließlich um die Ausgaben privater Haushalte.

57 Vgl. Paradiso, L. J., Smith, M. A., a. a. O., S. 25.

58 Vgl. Righi, C., a. a. O., S. 447.

59 Vgl. Projection de la Consommation . . ., a. a. O., S. 48 f.

60 Der Preisindex für Wohnungen betrug z. B. in der BRD 1963 129,3 (1958 = 100), der der gesamten Lebenshaltung nur 112,1; vgl. Statistisches Jahrbuch für die Bundesrepublik Deutschland 1964, a. a. O., S. 489.

Tabelle 33[a)]

	Anteile am Gesamtenergieverbrauch (%)				
	Gas	Heizöl	Kohle	Flüssiggas	Elektrizität
1955	33,7	29,7	19,9	9,4	0,4
1960	41,3	30,4	12,4	9,5	1,7
1980	53,1	24,7	4,1	3,3	14,8
2000	51,0	19,5	—	1,5	28,0

a) Vgl. Die Wohnraumheizung in den Vereinigten Staaten von Amerika im Jahr 2000, Ifo-Schnelldienst, Jg. 18, Nr. 22, 1965, S. 4 ff.; die Ausführungen dort beziehen sich auf: Landsberg, H. H., Fischman, L. L., Fisher, J. L., Resources in America's Future, Baltimore 1963.

Die elektrische Energie wird zukünftig in den Haushalten nicht nur zu Heizungszwecken, sondern auch zum Betrieb der stark in Ausbreitung befindlichen elektrotechnischen Haushaltsgeräte, die u. a. im nächsten Abschnitt behandelt werden, in zunehmendem Umfang verwendet werden.

VI. Die Elastizität der Ausgaben für langlebige Haushaltsgebrauchsgüter

1. Querschnittselastizitäten

Auf eine gesonderte Darstellung der Elastizitäten der Ausgaben für langlebige Gebrauchsgüter als Gesamtgruppe soll verzichtet werden, weil es einerseits kein traditionsreiches Gesetz wie das Engelsche und Schwabesche zu bestätigen gilt und andererseits die in der Literatur anzutreffenden Untergruppierungen dieser an sich sehr inhomogenen Ausgabenkategorie sowieso nicht sehr detailliert sind. Im Gegensatz zu der Aufgliederung der Bekleidungsausgaben ist u. E. hier jedoch noch ein weites Betätigungsfeld für die Lieferanten statistischen Ausgangsmaterials gegeben, da gerade die mit wachsendem Lebensstandard an Bedeutung gewinnenden Großgeräte, wie Rundfunk- und Fernsehempfänger, Küchenmaschinen, Kühlschränke, Waschmaschinen usw., keinerlei unüberwindbare Abgrenzungsprobleme aufwerfen.

Tabelle 34 gibt eine Übersicht über die Einkommens- bzw. Gesamtausgabenelastizitäten für verschiedene Kategorien langlebiger Gebrauchsgüter, soweit sie Querschnittsuntersuchungen zu entnehmen waren. Hinsichtlich der methodischen Unterschiede der einzelnen Analysen sei auf frühere Ausführungen verwiesen (vgl. oben S. 61 ff.).

Allgemein ist festzustellen, daß die Elastizitätswerte außerordentlich breit gestreut sind, aber besonders bei den umfassenderen Gruppen

Tabelle 34

Land	Jahr	Möbel	Haushaltstextilien[a)]	Hausrat		Haus- und Gartengeräte						Haushaltsausstattung insges.
				Teppiche	insgesamt	Geschirr	Eisenwaren	Reinigungsgeräte	Elektrogeräte	sonstige Geräte	insgesamt	
Elastizität der Ausgaben in bezug auf die Gesamtausgaben												
konstante Elastizität												
Großbritannien[b)] ..	1937/38	2,42	2,22	3,33	.	1,71	2,32	1,85	.	3,41	.	.
working class[c)] ...		1,41	1,76	2,36	.	1,29	1,55	1,18	.	2,30	.	.
middle class[c)] ...		2,53	1,55	2,10		1,19	1,34	1,27		1,49	.	.
USA[d)]	1922/24	1,36	.	.	.	.	.	.	.	.	.	.
Österreich[e)]	1954/55	2,90[f)]	.	.	.	.	.	.	.	.	1,58	.
Mittelwert variabler Elastizität												
USA[d)]	1922/24	1,25	.	.	.	.	.	.	.	.	.	.

(Fortsetzung und Fußnoten s. S. 102.)

Tabelle 34 *(Fortsetzung)*

Land	Jahr	Möbel	Haushaltstextilien[a)]	Hausrat		Haus- und Gartengeräte						Haushaltsausstattung insges.
				Teppiche	insgesamt	Geschirr	Eisenwaren	Reinigungsgeräte	Elektrogeräte	sonstige Geräte	insgesamt	
Elastizität der Ausgaben in bezug auf das Einkommen												
konstante Elastizität												
USA[d)]	1918/19	1,23	.	.	.	.	.	.	.	.	.	.
Deutschl.[g)] ..	1907	.	.	.	.	.	.	.	.	.	.	1,920
	1927/28	.	.	.	.	.	.	.	.	.	1,908	1,919
	1937	1,795	.	.	2,408	.	.	.	.	.	2,072	.
	1950/51	2,277	.	.	1,768	.	.	.	.	.	1,314	.
	1960/61	2,818	.	.	0,720	.	.	.	2,893	.	0,987 [h)]	.
Mittelwert variabler Elastizität												
USA[d)]	1918/19	1,16	.	.	.	.	.	.	.	.	.	.
Deutschl.[i)] ..	1927/28	.	.	.	.	.	.	.	.	.	.	2,00
	1950/51	2,97	.	.	1,59	.	.	.	.	.	1,47	2,36

a) Außer Teppichen.
b) Vgl. Houthakker, H. S., The Econometrics . . ., a. a. O., S. 19.
c) Vgl. Prais, S. J., Houthakker, H. S., a. a. O., S. 107.
d) Vgl. Lewis, H G., Douglas, P. H., a. a. O., S. 43, S. 39.
e) Vgl. Tintner, G., a. a. O., S. 5.
f) Möbel und Hausrat.
g) Vgl. Schmucker, H., Die langfristigen Strukturwandlungen . . ., a. a. O., S. 174 f.
h) Ohne Elektrogeräte.
i) Vgl. Gollnick, H., a. a. O., S. 237.

mehr oder minder stark um eine mittlere Größe von Zwei schwanken. In den von Kriegszerstörungen und Flüchtlingszuströmen betroffenen Ländern, wie Deutschland und Österreich, ist allerdings in den Nachkriegsjahren die Elastizität für Möbel überdurchschnittlich hoch; diese Anschaffungen gingen offensichtlich zu Lasten sonstiger Einrichtungsgegenstände und Haushaltsgeräte. Da hier außergewöhnliche Umstände walteten, können diese Größenverhältnisse keinesfalls als für die Zukunft maßgeblich betrachtet werden. Aber auch die Elastizitätswerte normaler Vorkriegsjahre dürften für heutige Verhältnisse nicht mehr repräsentativ sein, da seitdem vor allem die Vielfalt der angebotenen elektrotechnischen Geräte zugenommen hat. Daraus ließe sich für die Gegenwart auf eine größere Einkommenselastizität diesbezüglicher Ausgaben schließen. Es ist jedoch zu vermuten, daß, wenn erst einmal die Mehrzahl aller Haushalte solche Geräte besitzt, der Verbrauch der relativ wohlhabenden Schichten sich bei diesen Gütern von dem der schlechter gestellten in quantitativer und qualitativer Hinsicht weniger unterscheidet, also einkommensunelastischer ist, als etwa bei Möbeln, Teppichen u. ä., es sei denn, der technische Fortschritt bringe weitere, heute noch unbekannte und kostspielige Geräte auf den Markt.

2. Zeitreihenelastizitäten

Als langfristige Elastizitäten bei im Zeitverlauf wachsendem Haushaltseinkommen berechneten Stone und Rowe für Großbritannien in den Jahren 1922—1955 (ausschließlich der Jahre 1939—1950) einen Wert von 2,94 für die langlebigen Haushaltsgüter insgesamt[61], für die Jahre 1922—1938 Werte von 1,74 für Möbel und 2,54 für Eisenwaren, für die Jahre 1953—1958 Werte von 1,53 für Möbel und Teppiche und 1,71 für Rundfunkempfänger und andere Elektrogeräte[62]. Es wurde dabei von der Annahme ausgegangen, daß der Wert der betreffenden Güter sich im Durchschnitt während einer achtjährigen Nutzungsdauer bis auf 10 % des Anschaffungspreises vermindert.

Diese Elastizitätswerte müßten nach dem früher Gesagten (vgl. S. 38) größenordnungsmäßig mit den Querschnittselastizitäten vergleichbar sein, doch läßt sich dies wegen der großen Streuung der Ergebnisse, der unterschiedlichen Gruppierungskriterien und der pauschalen Annahmen über die Lebensdauer der Güter nicht überzeugend demonstrieren[63].

---

[61] Vgl. Stone, R., Rowe, D. A., The Market Demand ..., a. a. O., S. 441.

[62] Vgl. Stone, R., Rowe, D. A., The Durability ..., a. a. O., S. 412, S. 414.

[63] Stone und Rowe stellten zwischen der von ihnen berechneten langfristigen Elastizität von 2,42 für household durables in den Jahren 1922/23—1937/38 und einer entsprechenden Querschnittselastizität in Höhe von 2.35 eine gute Übereinstimmung fest. Vgl. Stone, R., Rowe, D. A., The Market Demand ..., a. a. O., S. 440.

Auch für die oben gezogene Schlußfolgerung, daß die sogenannten kurzfristigen, einfach aus zeitlicher Ausgaben- und Einkommensänderung berechneten Elastizitäten größer sein müßten als die Querschnittselastizitäten, liefern die zur Verfügung stehenden, im folgenden aufgeführten Zahlen keine Bestätigung — das Größenverhältnis ist, soweit sich die betrachteten Zeitperioden und Länder überhaupt entsprechen, eher umgekehrt. Damit ist jedoch keineswegs die Unrichtigkeit der Behauptungen von Stone und Rowe erwiesen, da in den hochentwickelten Ländern die Preise der langlebigen Gebrauchsgüter allgemein zu einer relativen[64], bei vielen Gütern, insbesondere solchen, deren Produktion erst in den letzten 10—20 Jahren auf breiter Basis anlief, sogar zu einer absoluten Abnahme tendieren. Die Preiselastizitäten der langlebigen Gebrauchsgüter sind zwar dem absoluten Betrag nach größer als die der kurzlebigen, aber doch meist kleiner als Eins[65], so daß bei sinkenden Preisen die Ausgaben abnehmen, bzw. bei gleichzeitig wachsendem Einkommen weniger zunehmen als bei konstanten Preisverhältnissen.

Aus den Wirtschaftsrechnungen der 4-Personen-Arbeitnehmerhaushalte mit mittlerem Einkommen ergeben sich im einzelnen folgende Elastizitätswerte:

Tabelle 35[a)]

	Elastizität der Ausgaben in bezug auf die ausgabefähigen Einnahmen	
	1950/63	1958/63
Möbel und Einrichtungsgegenstände	1,756	0,417
Öfen, Herde	1,244	0,208
elektr. Haushaltsgeräte	.	1,014
sonstige Haushaltsgeräte	0,976	1,111
Gardinen, Teppiche, Betten, Decken	1,183	1,514
Haushaltswäsche	1,256	0,458
Hausrat insgesamt	1,549	0,807

a) Berechnet aus den durchschnittlichen jährlichen Änderungsraten. Für die Ausgangsdaten vgl. Statistisches Jahrbuch für die Bundesrepublik Deutschland 1964, a. a. O., S. 523.

[64] In der BRD betrug der Preisindex für Hausrat 1963 104,4 (1958 = 100) im Gegensatz zum Index der Gesamtlebenshaltung von 112,1. Vgl. Statistisches Jahrbuch für die Bundesrepublik Deutschland 1964, a. a. O., S. 489.

[65] Vgl. Stone, R., Rowe, D. A., The Market Demand ..., a. a. O., S. 439. — Diess., The Durability ..., a. a. O., S. 414. — Barten, A. D., a. a. O., S. 25.

Während die Elastizität der Ausgaben für langlebige Haushaltsgüter insgesamt für die letzten fünf Jahre geringer ist als für den Durchschnitt des ganzen betrachteten Zeitraums, haben die Elastizitäten für Haushaltsgeräte, Gardinen und Teppiche, wohl ermöglicht durch die nachlassende Dringlichkeit von Möbelanschaffungen, zugenommen.

Die innerhalb der Volkswirtschaftlichen Gesamtrechnung erstellten Daten über die Einkommensverwendung der privaten Haushalte sind für die hier betrachtete Güterkategorie wenig aufschlußreich, da nur die globale Gruppe „Übrige Waren und Dienstleistungen für die Haushaltsführung" ausgewiesen wird; ihre Elastizität in bezug auf den Gesamtverbrauch der privaten Haushalte betrug bei Verwendung der Pro-Kopf-Zahlen 1,094 für die Jahre 1950—1962[66]. Auch hier kann nur auf eine zukünftige weitere Auffächerung der Einkommensverwendungsrechnung gehofft werden.

Wollte man wegen dieses Datenmangels ersatzweise die Veränderungen der Einzelhandelsumsätze langlebiger Haushaltsgüter in Beziehung zu den Veränderungen des gesamten privaten Verbrauchs setzen, so müßte man unterstellen, daß einerseits die Haushalte ihren Bedarf ausschließlich oder zu einem festen Prozentsatz über den Einzelhandel decken und andererseits die in den Umsätzen enthaltenen Käufe für gewerbliche Zwecke sich im selben Verhältnis ändern wie die der Haushalte. Da beide Annahmen nicht sehr realistisch sind und überhaupt völlig neue statistisch-methodische Probleme aufgeworfen werden müßten, soll auf die Darstellung solcher Umsatzelastizitäten verzichtet werden. Eine Arbeit von Schroeder[67], die sich viel komplizierterer Verfahren als der von uns anwendbaren bedient und aus Wirtschaftsrechnungen gewonnene Elastizitäten (Einkaufsdaten) solchen aus Umsatzstatistiken (Verkaufsdaten) gegenüberstellt, zeigt, daß in beiden Ansätzen doch so viele nicht eliminierbare Divergenzen enthalten sind, daß die quantitativen Ergebnisse stark differieren[68].

Die verfügbaren Untersuchungen über die Entwicklung der Nachfrage nach langlebigen Haushaltsgütern in anderen Ländern lassen erkennen, daß die Einkommenselastizitäten für die jüngste Vergangenheit und nächste Zukunft um so niedriger sind, je höher der erreichte oder erwartete Lebensstandard ist. Während Righi für Italien für die Jahre 1958—1970 eine durchschnittliche Elastizität von 1,84 für die Ge-

---

[66] Berechnet nach den Angaben im Statistischen Jahrbuch für die Bundesrepublik Deutschland 1964, a. a. O., S. 557.

[67] Vgl. Schroeder, R., Zur Einkommens- und Preiselastizität längerlebiger Konsumgütergruppen, Ifo-Studien, Jg. 2, 1956, S. 173 ff.

[68] So beträgt z. B. die aus den Einkaufsdaten berechnete Einkommenselastizität der Möbelnachfrage für die Jahre 1952—1954 0,464 (Mengen pro Haushalt), die aus den Verkaufsdaten gewonnene 1,767 (Mengen pro Kopf); letztere ist allerdings statistisch besser gesichert.

samtkategorie voraussagt[69], nennt die französische Projektion für die Jahre 1960—1970 die Werte von 1,3 für Haushaltsausstattung insgesamt und 1,4 speziell für Elektrogeräte, obwohl die entsprechenden Werte 1950—1960 noch 2,0 und 3,5 betrugen[70]. Für die Niederlande ergab sich für die Zeit von 1929—1939 und 1948—1958 zusammengenommen eine Elastizität von 1,269 für Möbel und Haushaltsartikel[71]. In einer bereits erwähnten amerikanischen Untersuchung sind die folgenden Werte angegeben:

Tabelle 36[a)]

	Einkommenselastizität der Ausgaben	
	1922—1940	1945—1958
Möbel	1,6	1,0
Haushaltsgeräte	1,3	0,8
Geschirr	0,7	0,7
sonstige Wohnungseinrichtung	1,4	0,4
Rundfunk-, Fernseh- und Phonogeräte (einschl. Schallplatten)	2,5	1,0

a) Vgl. Paradiso, L. J., Smith, M. A., a. a. O., S. 25.

Angesichts all dieser Zahlen muß die von Dewhurst im Hinblick auf die Entwicklung in Europa bis zum Jahre 1970 angestellte Vermutung, daß die Gruppe der langlebigen Haushaltsgebrauchsgüter „is probably the only major sector of consumption (apart from transport equipment) in which the income elasticity of demand through time appears to be much in excess of unity — probably of the order of 2 or more“[72], doch mit Vorsicht aufgenommen werden.

Die Nachfrage nach langlebigen Gebrauchsgütern kann von der Haushaltsgröße insofern beeinflußt werden, als insbesondere arbeitssparende Großgeräte, wie Waschautomaten, Tiefkühltruhen, Geschirrspülmaschinen, Bügelautomaten usw., hauptsächlich in größeren Haushalten Verwendung finden[73], während sie in kleineren mit vergleichbarem Pro-

[69] Vgl. Righi, C., a. a. O., S. 447.

[70] Vgl. Projection de la Consommation ..., a. a. O., S. 48 f.

[71] Vgl. Barten, A. D., a. a. O., S. 24.

[72] Vgl. Dewhurst, J. F., Coppock, J. O., Yates, P. L. u. a., a. a. O., S. 257.

[73] Vgl. David, M. H., a. a. O., S. 36 f.
Die in der amtlichen Statistik der BRD (vgl. Statistisches Jahrbuch für die Bundesrepublik Deutschland 1964, a. a. O., S. 529) ausgewiesenen Anteilsätze derjenigen Haushalte, die in den verschiedenen Haushaltsgrößenklassen einzelne langlebige Gebrauchsgüter besitzen, können nur bedingt zur Bestä-

Kopf-Einkommen durch fremde Dienstleistungen substituiert werden. Bei einer allgemeinen Tendenz zur Haushaltsverkleinerung ergäbe sich deshalb eine Verringerung der Einkommenselastizität der gesamtwirtschaftlichen Nachfrage nach diesen Gütern; wahrscheinlich träte dann jedoch eine weitere Verteuerung der substitutionalen Dienstleistungen ein, so daß auch für die kleineren Haushalte die Anschaffung arbeitssparender Haushaltsmaschinen vorteilhafter würde.

Eine Erhöhung der Elastizität der gesamtwirtschaftlichen Nachfrage könnte im Falle einer relativen Zunahme der kleineren Haushalte bei solchen langlebigen Gütern auftreten, die von großen und kleinen Haushalten gleich geschätzt werden, bei denen aber „economies of scale" die Regel sind, wie z. B. bei Fernseh- und Rundfunkgeräten, Plattenspielern u. ä.[74].

VII. Die Elastizität der Verkehrsausgaben der privaten Haushalte

1. Querschnittselastizitäten

Der Beförderungsbedarf der privaten Haushalte kann entweder durch den Erwerb und Betrieb eigener Fahrzeuge oder durch die Benutzung öffentlicher Verkehrsmittel befriedigt werden. Langlebige Gebrauchsgüter und Dienstleistungen stehen hier in engster Substitutionskonkurrenz. Da aber in einigen Fällen statistische Daten nur für die Verkehrsausgaben insgesamt zur Verfügung stehen, soll dieser Ausgabenkategorie ein besonderer Abschnitt gewidmet werden.

Für die Nachfrage nach eigenen Verkehrsmitteln und den Zusammenhang zwischen Beständen und Ausgaben gelten die gleichen theoretischen Überlegungen wie für alle übrigen langlebigen Gebrauchsgüter. Während wir bei diesen jedoch unterstellen konnten, daß alle Käufe sich auf neu hergestellte Güter beziehen, ist dies bei Automobilen nicht der Fall, da für sie ein gut ausgebauter Gebrauchtwagenmarkt existiert. Wenn wir aber annehmen, daß die privaten Käufe und Verkäufe von Gebrauchtwagen sich ausgleichen[75] und die Ver-

---

tigung des Zusammenhangs zwischen den Ausgaben für diese Güter und der Haushaltsgröße angeführt werden, da nicht zu ersehen ist, inwieweit sich die Einkommen großer und kleiner Familien unterscheiden. Immerhin sind bei Wasch-, Bügel- und Geschirrspülmaschinen die höchsten Anteilsätze jeweils bei den Haushalten mit 5 oder mehr Personen zu finden, während dies bei Fernseh-, Photo- und Projektionsapparaten nicht der Fall ist.

74 Vgl. dazu oben S. 33 ff.

75 Dies bedeutet, daß kein Saldo der Kauf- und Verkaufbeziehungen mit hier nicht betrachteten Wirtschaftsgruppen, wie dem Ausland, den Gebrauchtwagenhändlern und gewerblichen Automobilbenutzern, besteht.

kaufserlöse von den Ausgaben abgezogen werden[76], so müssen die ausgewiesenen Ausgaben den Neuwagenkäufen entsprechen.

Die in Tabelle 37 wiedergegebenen Querschnittselastizitäten der Verkehrsausgaben in bezug auf das Einkommen bzw. die Gesamtausgaben sind den bereits mehrfach zitierten, auf Wirtschaftsrechnungen beruhenden ökonometrischen Untersuchungen entnommen.

Tabelle 37

Land	Jahr	eigene Verkehrsmittel a)	öffentliche Verkehrsmittel
Elastizität der Ausgaben in bezug auf die Gesamtausgaben			
konstante Elastizität			
Großbritannien b)	1937/38	.	1,68—2,24 c)
working class d)		.	1,33—1,82 c)
middle class d)		.	0,34—1,67 c)
Österreich e)	1954/55	4,22	0,84
Elastizität der Ausgaben in bezug auf das Einkommen			
konstante Elastizität			
Deutschland f)	1907	1,289	
	1927/28	1,984	
	1937	2,394	
	1950/51	0,192	1,938
	1960/61	4,275	1,614
Mittelwert variabler Elastizität			
Schweiz g)	1936/37	1,484	
Deutschland h)	1927/28	1,83	
	1950/51	1,50	

a) Da Treibstoffe nicht gesondert ausgewiesen werden, ist anzunehmen, daß sie in diesem Posten miteinbegriffen sind.
b) Vgl. Houthakker, H. S., The Econometrics . . ., a. a. O., S. 19.
c) Die Werte sind aufgegliedert für Fahrten zur Arbeit und sonstige.
d) Vgl. Prais, S. J., Houthakker, H. S., a. a. O., S. 107.
e) Vgl. Tintner, G., a. a. O., S. 5.
f) Vgl. Schmucker, H., Die langfristigen Strukturwandlungen . . ., a. a. O., S. 174 f.
g) Vgl. Bickel, W., Leser, C., a. a. O., S. 77.
h) Vgl. Gollnick, H., a. a. O., S. 237.

---

76 In den Quellen des von uns verwendeten Zahlenmaterials findet sich zwar kein Hinweis darauf, daß dies geschieht, doch muß dem aus systematischen Gründen wohl so sein.

Obwohl die zur Verfügung stehenden Werte nicht sehr zahlreich sind, zeigen sie doch, daß die Verkehrsausgaben insgesamt im allgemeinen recht elastisch sind. Die Aufwendungen für eigene Verkehrsmittel weisen eine Elastizität auf, die zwei- bis dreimal so hoch ist wie die für öffentliche. Der niedrige Wert der Elastizität für eigene Verkehrsmittel in der BRD 1950/51 ist völlig atypisch und durch die besondere Situation unmittelbar nach dem zweiten Weltkrieg bedingt[77].

Aus den von Rosen[78] für neun Einkommensklassen angegebenen Ergebnissen einer schweizerischen Enquête des Jahres 1956 läßt sich für den Bereich von der untersten bis zur obersten Klasse eine Bogenelastizität der Verkehrsausgaben der Haushalte in bezug auf ihre Gesamtverbrauchsausgaben in Höhe von 1,85 berechnen.

Einer Querschnittsanalyse methodisch vergleichbar ist die Untersuchung von Bandeen[79], in der die Elastizität der Automobilnutzung in bezug auf das Einkommensgefälle zwischen den Einzelstaaten der USA ermittelt wird. Ihr Wert betrug nach Ausschaltung einkommensunabhängiger Unterschiede in den Konsumgewohnheiten für die Jahre 1940 und 1950 ungefähr 0,97, eine Ziffer, die veranschaulicht, daß in den Vereinigten Staaten im Vergleich zu den europäischen Ländern bereits ein größerer Sättigungsgrad in bezug auf die Nutzung eigener Automobile erreicht ist.

2. Zeitreihenelastizitäten

Die nach unserem gewohnten Verfahren aus den Wirtschaftsrechnungen der 4-Personen-Haushalte mit mittlerem Einkommen in der BRD ermittelten Elastizitäten in bezug auf die ausgabefähigen Einnahmen haben folgende Werte[80]:

Verkehrsausgaben insgesamt 1950—1963	2,317
Verkehrsausgaben insgesamt 1958—1963	3,166
davon:	
öffentliche Verkehrsmittel	0,736
Fahrrad, Motorrad, Auto	5,056
Anderes für Verkehr	1,319

[77] Die neuesten Verbrauchszahlen (vgl. Reddies, H., a. a. O., S. 34, Euler, M., a. a. O., S. 492) lassen erkennen, daß die Einkommenselastizität der Ausgaben für eigene Verkehrsmittel auch 1963/64 noch sehr hoch war.

[78] Vgl. Rosen, J., Dienstleistungen im Familienbudget, Schweizerische Zeitschrift für Volkswirtschaft und Statistik, Jg. 95, 1959, S. 87.

[79] Vgl. Bandeen, R. A., Automobile Consumption 1940—1950, Econometrica, vol. 25, 1957, S. 239 ff.

[80] Berechnet nach den Angaben im Statistischen Jahrbuch für die Bundesrepublik Deutschland 1964, a. a. O., S. 523.

Für die in der Volkswirtschaftlichen Gesamtrechnung der BRD ausgewiesene Kategorie „Waren und Dienstleistungen für Verkehrszwecke und Nachrichtenübermittlung“ ergibt sich in bezug auf die Gesamtverbrauchsausgaben der privaten Haushalte für die Jahre 1950—1962 der relativ niedrige Elastizitätswert von 1,376[81]. Der große Unterschied zu dem aus den Wirtschaftsrechnungen erhaltenen Ergebnis könnte zum einen durch die geringere Elastizität der miteinbezogenen Ausgaben für die Nachrichtenübermittlung (Porti, Telephon- und Telegrammgebühren, vgl. unten S. 115), zum andern aber auch durch die gerade für Automobilkäufe geringe Repräsentativität der ausgewählten 4-Personen-Haushalte verursacht sein.

Eine eingehende Untersuchung des Automobilmarkts der BRD wurde 1960 von Lehbert[82] zum Zwecke einer Vorausschätzung der Nachfrage bis zum Jahre 1970 durchgeführt. Aus der großen Zahl der getesteten Regressionsfunktionen erwiesen sich lediglich diejenigen als genügend statistisch gesichert, die eine einfache Beziehung zwischen den Ausgaben für Personenkraftwagen und dem Einkommen herstellen. Die Elastizität der mengenmäßigen Nachfrage nach Neuwagen in bezug auf das Realeinkommen (beides pro Kopf) betrug bei Verwendung einer doppelt-logarithmischen Engel-Kurve nach Lehberts Berechnungen für die Jahre 1952—1961 ungefähr 2,72[83]. Allerdings sind dabei nicht nur die Käufe der privaten Haushalte, sondern auch die von Unternehmen und Behörden erfaßt. Für die Gruppe der abhängig Beschäftigten allein z. B. ist die Elastizität wesentlich höher, nämlich 7,73.

In Frankreich wird die Elastizität der Ausgaben für Neuwagenkäufe in bezug auf die gesamten Haushaltsausgaben für die Periode 1960 bis 1970 auf 2,0 geschätzt (1950—1960 3,1), die der Ausgaben für öffentliche Verkehrsmittel (einschließlich Nachrichtenübermittlung) auf 0,7 (1950—1960 0,5)[84]. Für Italien betragen die entsprechenden Schätzwerte für die Jahre 1958—1970 2,37 und 1,51[85]. In den USA hatte die Einkommenselastizität der Neuwagennachfrage nach Paradiso und Smith[86] vor dem zweiten Weltkrieg den Wert von 2,1, danach nur noch von 1,2.

Obwohl keiner der angeführten Elastizitätsberechnungen eine sigmoide Regressionsfunktion zugrunde liegt, sei doch erwähnt, daß eine solche für die zeitliche Entwicklung der privaten Automobilausgaben besonders angemessen sein dürfte, und zwar wegen der unterschied-

81 Für die absoluten Zahlen vgl. Statistisches Jahrbuch für die Bundesrepublik Deutschland 1964, a. a. O., S. 557.

82 Vgl. Lehbert, B., a. a. O.

83 Vgl. ibid., S. 47.

84 Vgl. Projection de la Consommation . . ., a. a. O., S. 48 f.

85 Vgl. Righi, C., a. a. O., S. 447.

86 Vgl. Paradiso, L. J., Smith, M. A., a. a. O., S. 25.

lichen Bedeutung der substitutionalen Befriedigung des Beförderungsbedürfnisses durch öffentliche Verkehrsmittel bei verschieden hohem Lebenshaltungsniveau. Während bei allgemein niedrigem Einkommensniveau die Benutzung öffentlicher Verkehrsmittel überwiegt, folgt mit zunehmender Wohlhabenheit eine starke Ausdehnung des privaten Wagenparks. Von einem gewissen Sättigungsgrad ab nimmt die Benutzung öffentlicher Verkehrsmittel trotz wachsender Einkommen relativ wieder zu, bedingt durch die wachsende Dichte des Straßenverkehrs und insbesondere durch die hohe Einkommenselastizität der Ausgaben für Flugreisen (3,0 in den USA nach dem zweiten Weltkrieg[87]).

VIII. Die Elastizität der Ausgaben für sonstige Waren und Dienstleistungen

1. Querschnittselastizitäten

In dieser letzten Kategorie sind alle die bisher noch nicht behandelten wichtigeren Ausgabenposten zusammengefaßt, die mehr oder weniger dem tertiären Sektor zuzurechnen sind, im einzelnen allerdings auch Warenkäufe (Zeitschriften, Bücher, Kosmetika, Putzmittel, Medikamente usw.) umfassen. Wie schon aus Tabelle 38 zu ersehen ist, die die aus der Literatur zur Verfügung stehenden Querschnittselastizitäten enthält, werden die Ausgaben für der Befriedigung gleichartiger Bedürfnisse dienende Güter und Dienstleistungen leider meist nicht getrennt analysiert. Lediglich in den die britische Verbrauchserhebung von 1937/38 auswertenden Arbeiten von Houthakker und Prais/Houthakker sind gesonderte Elastizitäten für einzelne Güter und Dienste angegeben, die sich jedoch nicht in allen Fällen den von anderen Autoren gebildeten Kategorien zuordnen lassen und deshalb in Tabelle 39 getrennt aufgeführt werden.

Die vergleichsweise starken Abweichungen der Ergebnisse der verschiedenen Berechnungen innerhalb der einzelnen Ausgabengruppen sind hier nicht nur methodisch, sondern in besonderem Maße sachlich bedingt. Bei den Ausgaben für Güter und Dienstleistungen des gehobenen Bedarfs, um die es sich hier größtenteils handelt, kommen räumliche, zeitliche und individuelle Unterschiede in den Verbrauchsgewohnheiten stärker zum Ausdruck als bei denen für den lebensnotwendigen Bedarf[88]; übereinstimmende Gesetzmäßigkeiten werden sich bei letzteren also besser ausprägen als bei den hier betrachteten

---

[87] Vgl. Paradiso, L. J., Smith, M A., a. a. O., S. 25.

[88] Vgl. Katona, G., Das Verhalten der Verbraucher und Unternehmer, Tübingen 1960, S. 81.

Tabelle 38

Land	Jahr	Körper- und Gesundheitspflege			Bildung, Erholung und Unterhaltung				Reinigung von Wohnung und Bekleidung	Reparaturen	Nachrichtengebühren
		Körperpflege	Gesundheitspflege	insgesamt	Bildung	Erholung	Unterhaltung	insgesamt			
Elastizität der Ausgaben in bezug auf die Gesamtausgaben											
konstante Elastizität											
USA[a)]	1922/24	·	1,47	·	1,97	·	·	·	·	·	·
Österreich[b)] ..	1954/55	1,07	2,00	·	1,59	1,88		·	0,70	·	·
Mittelwert variabler Elastizität											
USA[a)]	1922/24	·	1,39	·	2,06	·	·	·	·	·	·

Tabelle 38 *(Fortsetzung)*

Land	Jahr	Körper- und Gesundheitspflege			Bildung, Erholung und Unterhaltung				Reinigung von Wohnung und Bekleidung	Reparaturen	Nachrichtengebühren
		Körperpflege	Gesundheitspflege	insgesamt	Bildung	Erholung	Unterhaltung	insgesamt			
Elastizität der Ausgaben in bezug auf das Einkommen											
konstante Elastizität											
Deutschl.[c]	1907	.	.	3,469	.	.	.	1,888	1,608	.	.
	1927/28	.	.	1,166	.	.	.	2,097	3,765	0,883	1,992
	1937	.	.	1,265	.	.	.	1,418	0,552	0,923	.
	1950/51	.	.	2,123	.	.	.	1,432	0,740	1,078	1,227
	1960/61	.	.	0,827	.	.	.	1,637	0,364	1,093	0,871
Mittelwert variabler Elastizität											
Schweiz[d]	1936/37	.	1,688	.	.	.	.	1,635	1,914[e]	.	.
Deutschl.[f]	1927/28	.	.	1,87	1,33	1,82	2,21	.	.	.	.
	1950/51	.	.	1,19	1,29	2,98[g]	1,26	.	.	.	.

a) Vgl. Lewis, H. G., Douglas, P. H., a. a. O., S. 44 f.

b) Vgl. Tintner, G., a. a. O., S. 5.

c) Vgl. Schmucker, H., Die langfristigen Strukturwandlungen . . ., a. a. O., S. 175.

d) Vgl. Bickel, W., Leser, C., a. a. O., S. 77.

e) Da Ausgaben für Körperpflege nicht gesondert ausgewiesen, möglicherweise hier einbegriffen.

f) Vgl. Gollnick, H., a. a. O., S. 237.

g) Auch Verkehrsausgaben für Erholungsreisen.

Tabelle 39

	Elastizität der Ausgaben in bezug auf die Gesamtausgaben		
	Houthakker[a)]	Prais / Houthakker[b)]	
		working class	middle class
Drogeriewaren	·	2,11	0,63
Friseur	1,73	1,54	1,05
Medikamente	1,29	1,35	0,58
Arztbesuch	2,95	1,62	1,58
Zeitungen	0,70	0,87	0,61
Bücher	1,59	1,50	1,10
Kino	1,31	1,24	0,57
Theater	1,61	2,02	1,17
Sport	1,62	1,59	0,49
Ferienaufenthalt	3,52	2,61	1,10
Wäscherei	1,80	2,01	1,04
Haushaltshilfe	3,36	2,38	1,38

a) Vgl. Houthakker, H. S., The Econometrics . . ., a. a. O., S. 19.
b) Vgl. Prais, S. J., Houthakker, H. S., a. a. O., S. 107.

Ausgabengruppen. Allgemein läßt sich jedoch feststellen, daß die Ausgaben für Bildung, Erholung und Unterhaltung elastischer sind als die für Körper- und Gesundheitspflege und insbesondere die für Reinigung und Reparatur von Hausrat und Bekleidung[89]. Aus Tabelle 39 ist zu ersehen, daß die Elastizitäten aller aufgeführten Ausgabenposten für die Haushalte der Mittelklasse geringer sind als für die der Arbeiterschicht, da erstere wohl schon bei geringerem Einkommen mehr für kulturelle Bedürfnisse ausgeben und dafür die Ausgaben für höherwertige Nahrungs- und für Genußmittel einschränken[90].

2. Zeitreihenelastizitäten

Die Elastizitätswerte, die für die zeitliche Ausgabenentwicklung in der BRD aus den Wirtschaftsrechnungen der 4-Personen-Haushalte mit mittlerem Einkommen (vgl. Tab. 40) und aus den Daten der Volkswirtschaftlichen Gesamtrechnung (vgl. Tab. 41) abgeleitet wurden, stimmen recht gut mit den von Gollnick ermittelten Ergebnissen der Querschnittsanalyse überein.

[89] Die von Reddies und Euler zusammengestellten Verbrauchsdaten lassen für die BRD auf eine Zunahme der Einkommenselastizität der Ausgaben für die ersten beiden Kategorien in den letzten Jahren schließen.

[90] Vgl. oben Tab. 17 und Tab. 22.

Tabelle 40[a)]

	durchschnittliche jährliche Wachstumsrate der Ausgaben der 4-Personenhaushalte 1950—1963	Elastizität in bezug auf die ausgabefähigen Einnahmen
Reinigung und Körperpflege	9,1	1,110
darunter:		
Reinigung von Wohnung und Bekleidung	7,4	0,902
Bildung und Unterhaltung	10,3	1,256
davon:		
Bildung, Erholung, Unterhaltung	11,1	1,354
Vereins- und Verbandsbeiträge	3,7	0,451
Gebühren	10,5	1,280

a) Berechnet nach den Angaben im Statistischen Jahrbuch für die Bundesrepublik Deutschland 1964, a. a. O., S. 532, S. 557.

Tabelle 41[a)]

	durchschnittliche jährliche Wachstumsrate der Pro-Kopf-Ausgaben der privaten Haushalte 1950—1962	Elastizität in bezug auf den Gesamtverbrauch pro Kopf
Körper- und Gesundheitspflege	9,2	1,082
Bildung und Erholung	9,8	1,153
Sonstiges	11,5	1,353

a) Berechnet nach den Angaben im Statistischen Jahrbuch für die Bundesrepublik Deutschland 1964, a. a. O., S. 523, S. 557.

Eine etwas detailliertere Aufgliederung der Ausgaben der 4-Personen-Haushalte liegt für die Jahre 1958—1963 vor. Auch hier zeigen sich jedoch keine besonders auffälligen Unterschiede zu den Ergebnissen der Gesamtperiode 1950—1963 (vgl. Tab. 42).

Auch diese aufgeführten Gruppen sind noch zu heterogen, um mit einiger Sicherheit Aussagen hinsichtlich der Einflüsse relativer Preisänderungen[91] und der Zusammensetzung der Ausgaben- aus Mengen- und Qualitätselastizitäten zu machen.

[91] In der BRD entsprach der Preisindex für Reinigung und Körperpflege 1963 ungefähr dem der Gesamtlebenshaltung (112,7 gegenüber 112,1), der für

Tabelle 42[a)]

	durchschnittliche jährliche Wachstumsrate der Ausgaben 1958—1963	Elastizität in bezug auf die ausgabefähigen Einnahmen
Reinigung und Körperpflege	8,4	1,167
davon:		
Reinigung von Wohnung und Bekleidung	6,5	0,917
Körperpflege	10,1	1,403
Gesundheitspflege	8,4	1,167
Bildung und Unterhaltung	8,0	1,111
davon:		
Bildung, Erholung, Unterhaltung	7,8	1,083
Vereins- und Verbandsbeiträge	3,1	0,431
Gebühren	13,6	1,889

a) Für die Ausgangsdaten vgl. Statistisches Jahrbuch für die Bundesrepublik Deutschland 1964, a. a. O., S. 523.

Für die Vereinigten Staaten galten nach den Berechnungen von Paradiso und Smith vor und nach dem zweiten Weltkrieg die in Tabelle 43 wiedergegebenen Einkommenselastizitäten in der hier betrachteten Ausgabenkategorie.

Die Elastizitäten der Ausgaben für die meisten der aufgeführten Güter und Dienste haben nach dem zweiten Weltkrieg gegenüber der Vorkriegszeit zugenommen, außer denen für Wäscherei, Reinigung und Haushaltshilfe. Dies dürfte auf die zunehmende Ausstattung mit Haushaltsmaschinen und auf das geringe Angebot an häuslichen Diensten zurückzuführen sein.

In der französischen Projektion bis zum Jahre 1970 werden Einkommenselastizitätswerte in Höhe von 1,1 für Körperpflege (1950—1960 1,2), 1,8 für Gesundheitspflege (1950—1960 1,7) und 1,3 für Bildung und Erholung angegeben[92]. Die entsprechende Projektion für Italien nennt Elastizitätswerte von 1,06 für Körper- und Gesundheitspflege, 1,23 für Bücher und Zeitungen, 1,35 für Kino, Theater und Sport und 1,64 für sonstige Bildungs- und Erholungsausgaben[93].

Bildung, Erholung und Unterhaltung hatte überdurchschnittlich zugenommen (119,3); vgl. Statistisches Jahrbuch für die Bundesrepublik Deutschland 1964, a. a. O , S. 489.

[92] Vgl. Projection de la Consommation . . ., a. a. O., S. 48 f.

[93] Vgl. Righi, C., a. a. O., S. 447.

Tabelle 43[a)]

	1922—1940	1945—1958
Toilettenartikel	0,8	1,0
Friseur	0,8	1,5
Medikamente	0,6	1,4
Arztbesuch	0,8	1,1
Zahnarztbesuch	0,9	1,4
Krankenhausaufenthalt	0,3	1,7
Schreibwaren	1,4	1,2
Bücher	1,2	1,2
Zeitungen und Zeitschriften	0,5	0,9
Sportartikel	1,0	1,3
Wäscherei	0,9	0,1
Reinigung	1,2	0,6
Haushaltshilfe	1,3	0,6
Telephon	0,5	1,6

a) Vgl. Paradiso, L. J., Smith, M. A., a. a. O., S. 25.

IX. Zusammenfassung

Wie eingangs bereits dargelegt, ist die Berechnung von Elastizitäten, d. h. der Relationen zwischen den Änderungsraten bestimmter Teilgrößen und einer übergeordneten Bezugsgröße, eines der Verfahren zur Charakterisierung von Strukturveränderungen. Es bietet gegenüber dem Vergleich von in prozentualen Anteilsätzen dargestellten Strukturbildern verschiedener Gruppen, Länder oder Zeitpunkte den Vorteil einer exakteren Quantifizierung der relativen Stärke einzelner Umstrukturierungstendenzen. Je weniger die Elastizität einer Komponente von Eins abweicht, desto weniger verändert sich ihr Gewicht innerhalb der Gesamtstruktur. Elastizitäten über Eins entsprechen einer Zunahme, solche unter Eins einer Abnahme des Anteils.

Außerdem ergab sich durch die Wahl der Elastizitätsbetrachtung die Möglichkeit, sich das methodische Konzept der Engel-Kurven-Theorie und die Ergebnisse der auf ihr basierenden ökonometrischen Verbrauchsanalyse zunutze zu machen, — allerdings manchmal auch der Verzicht auf die Präsentierung solcher Daten, die sich dieser Betrachtungsweise nicht einfügen ließen oder zumindest zu keinen besseren Ergebnissen führten. Die Anhäufung heterogenen Zahlenmaterials schien uns der Preisgabe einer einheitlichen Darstellungsform nicht wert zu sein.

Obwohl die Beschreibung der Engel-Kurven-Theorie in Abschnitt II sich bereits auf die wichtigsten und einfachsten Zusammenhänge beschränkte, konnten selbst die dort implizierten Ansprüche an eine empirische Verbrauchsanalyse in Abschnitt III teilweise nicht erfüllt werden, sei es, weil weder den aus der Literatur übernommenen noch den selbstberechneten Elastizitätswerten kompliziertere, aber wirklichkeitsnähere (etwa sigmoide) Engel-Kurven-Typen zugrunde liegen, sei es, weil die Wirkungen von Veränderungen der personalen Einkommensverteilung, der Sozial- und Preisstruktur u. ä. nur am Rande oder gar nicht berücksichtigt werden konnten. Auch eine getrennte Untersuchung von Verbrauchsmengen und -ausgaben war nicht immer möglich. Im Mittelpunkt stand also der für unsere Fragestellung am wichtigsten erscheinende Zusammenhang zwischen der Entwicklung des Einkommens bzw. der Gesamtverbrauchsausgaben und jener der Ausgaben für einzelne Gütergruppen.

Wenn wir nun rückschauend die Ergebnisse unserer empirischen Untersuchungen zusammenfassen, so wollen wir den ersichtlich gewordenen Divergenzen der quantitativen Werte, die nur zum Teil durch methodische oder sachliche Einflüsse erklärt werden konnten, nicht allzuviel Gewicht beimessen, da auch generelle Entwicklungstendenzen innerhalb eines gewissen Schwankungsbereichs schon einige Anhaltspunkte für eine Beurteilung der Möglichkeiten der Einzelverbrauchsbesteuerung bieten. Je nach der durchschnittlichen Höhe der Einkommenselastizität sollen fünf Gruppen von Gütern und Dienstleistungen gebildet werden:

1. Die Ausgaben für alle pflanzlichen Grundnahrungsmittel, aber auch für die Genußmittel Kakao und Tabakwaren (außer Zigaretten und Zigarren) sind ausgesprochen einkommensunelastisch.

2. Die Elastizitäten der Ausgaben für die meisten übrigen Nahrungsmittel und der für Tee, Zigarren, Schuhe, Miete, Heizung und Beleuchtung, Reinigung und Reparaturen sind zwar im allgemeinen größer als 0,4—0,5, aber kleiner als Eins.

3. Mit mehr oder minder großen Abweichungen schwanken um den Wert von Eins die Elastizitäten der Ausgaben für Geflügel, Sahne, Obst, Schokolade und Süßwaren, Zigaretten, Bier, Branntwein, Kaffee, Unterbekleidung, Hausrat und Heimtextilien.

4. Meist größer als Eins, aber kleiner als Zwei sind die Elastizitäten der Ausgaben für Wein, Schaumwein, alkoholfreie Erfrischungsgetränke, Oberbekleidung, Möbel, öffentliche Verkehrsmittel, Körper- und Gesundheitspflege, Bildung und Erholung.

5. Mit einer Elastizität von Zwei oder darüber ist nur bei den Ausgaben für elektrotechnische Geräte, Kraftfahrzeuge, Mahlzeiten außer Haus und Ferienreisen zu rechnen.

Die geringe Aufgliederung des statistischen Materials besonders bei den Güterkategorien des gehobenen Bedarfs stellt für unseren Untersuchungszweck allerdings einen erheblichen Nachteil dar, da die Besteuerung solch inhomogener Ausgabengruppen wie der ausgewiesenen nicht in Betracht zu ziehen, die Entwicklung der Ausgaben für einzelne Güter und Dienstleistungen, die das Objekt von Spezialverbrauchsteuern bilden könnten, jedoch nicht genügend statistisch belegt ist. Dem Wunsch nach stärkerer Detaillierung der Verbrauchsstatistiken kann möglicherweise im Rahmen laufender, den Bereich aller Konsumgüter umfassender Untersuchungen nicht entsprochen werden. Soweit dafür nur Spezialanalysen in Frage kommen, müßten diese sich so eng wie möglich an ein gemeinsames methodisches Konzept halten, um für besondere Problemstellungen eine Kombination der Ergebnisse zu erleichtern.

D. Die Rolle spezieller Verbrauchsteuern im Steuersystem einer wachsenden Wirtschaft

I. Rechtfertigungsgründe und Funktionen spezieller Verbrauchsteuern

Bevor wir die quantitativen Ergebnisse der Verbrauchsstrukturanalyse zur Charakterisierung des Kreises von Konsumgütern heranziehen können, die in einer auf hohem Niveau wachsenden Wirtschaft als Objekt spezieller Verbrauchsteuern geeignet erscheinen, ist zu untersuchen, welche der für oder gegen diese Steuern vorzubringenden Argumente überhaupt durch die Berücksichtigung der Höhe der Einkommenselastizität der Bemessungsgrundlagen berührt werden.

1. Spezialverbrauchsteuern als Ordnungsteuern

Spezielle Verbrauchsteuern auf Tabakwaren und alkoholische Getränke werden häufig mit dem Hinweis auf die gesundheitspolitisch erwünschte Eindämmung des Konsums dieser Genußmittel gerechtfertigt[1]. Abgesehen von der Frage, ob der Fiskus überhaupt eine derartige meta-ökonomisch begründete Verbrauchslenkungsaufgabe übernehmen sollte[2], ist zweifelhaft, ob er sie jemals befriedigend zu erfüllen vermag. Die durch die Verteuerung der besteuerten Güter bewirkte Abnahme des Mengenverbrauchs ist ja um so geringer, je kleiner (dem absoluten Betrag nach) seine Preiselastizität ist. Gerade jene Konsumenten werden jedoch besonders schwach auf Preiserhöhungen reagieren, deren Verbrauch bereits sehr hoch ist, sei es, weil sie ein hohes Einkommen beziehen und daher der Einkommenseffekt der Preiserhöhung gering ist, sei es, weil sie den besteuerten Genußmitteln verfallen sind und durch Preiserhöhungen nicht zu Substitutionsentscheidungen veranlaßt werden. Der übermäßige Konsum wird deshalb möglicherweise weniger eingeschränkt als der maßvolle, der vielleicht gar nicht gesundheitsschädlich ist.

In einer wachsenden Wirtschaft müßten zumindest die Sätze derartiger Ordnungsteuern laufend erhöht werden, um die verbrauchsteigernden Wirkungen der Einkommenszunahme zu kompensieren und

---

[1] Besonders in den Vordergrund gestellt wird dieses Argument neuerdings wieder bei Haller, H., Die Steuern, Tübingen 1964, S. 279 ff., S. 343.

[2] Vgl. Wagner, A., Finanzwissenschaft, 2. Teil: Theorie der Besteuerung. Gebührenlehre und allgemeine Steuerlehre, 2. Aufl., Leipzig 1890, S. 654 ff.

eine Abschwächung des — hier einmal unterstellten — ordnungspolitischen Effekts zu verhindern. Eine Bemäntelung andersartiger Steuerzwecke durch einen volkserzieherischen Anspruch des Fiskus sollte tunlichst vermieden werden[3].

2. Gemäß dem Äquivalenzprinzip erhobene Spezialverbrauchsteuern

Werden von einer bestimmten Personengruppe irgendwelche Sonderleistungen des Staates in Anspruch genommen, deren Umfang eng mit der Höhe des Verbrauchs bestimmter privatwirtschaftlich erstellter Güter korreliert ist, so kann durch die Erhebung einer Spezialverbrauchsteuer auf diese Güter eine äquivalente Beteiligung der betreffenden Personen an den durch ihr Verhalten der Öffentlichkeit entstehenden Kosten erreicht werden[4]. Derartige Steuern sind jedoch nicht auf eine Belastung des privaten Endverbrauchs beschränkt und ähneln in ihrem Charakter den Gebühren und Beiträgen[5]. Ihre Ausgestaltung sollte streng auf die bestmögliche Verwirklichung des Äquivalenzprinzips ausgerichtet sein und, ebenso wie die der reinen Ordnungsteuern, nicht durch andere Besteuerungsziele beeinflußt werden. Das Verhältnis der Steuerbelastung zur Höhe des Einkommens darf in diesem Zusammenhang keine Rolle spielen.

Im Gegensatz zu den beiden zuerst behandelten Zielsetzungen einer Sonderbesteuerung einzelner Verbrauchsgüter sind alle im folgenden darzustellenden Kriterien Teilaspekte der übergeordneten Frage, ob durch die Erhebung spezieller Verbrauchsteuern die Steuerpflichtigen in gerechter und zweckmäßiger Weise zur (partiellen) Deckung des allgemeinen Staatsbedarfs herangezogen werden können.

3. Die „Excess Burden"-Diskussion

Im Zuge der Ende der dreißiger Jahre einsetzenden intensiven Beschäftigung mit den Wohlfahrtsaspekten ökonomischer Phänomene wurde gegen die Erhebung von Spezialverbrauchsteuern geltend gemacht, daß diese zu einer durch allgemeine direkte oder indirekte Steuern vermeidbaren zusätzlichen Belastung führe, da die — ansonsten als optimal angesehene — Allokation der Ressourcen verändert und damit das von den Konsumenten maximal zu erreichende

---

[3] Vgl. Der Fiskus als Sozialpolitiker, Institut „Finanzen und Steuern", H. 77, Bonn 1965, S. 121 ff.

[4] Vgl. Haller, H., a. a. O., S. 344 ff. — Ders., Die Bedeutung des Äquivalenzprinzips für die öffentliche Finanzwirtschaft, Finanzarchiv NF, Bd. 21, 1961, S. 248 ff. — Due, J. F., Government Finance and Economic Analysis, 3rd ed., Homewood/Ill. 1963, S. 311 f.

[5] Vgl. Neumark, F., Grundsätze der Besteuerung in Vergangenheit und Gegenwart, Wiesbaden 1965, S. 39 f.

Versorgungsniveau gesenkt werde[6]. Gemäß dieser Argumentation ist die „excess burden“ um so geringer, je preisunelastischer die Nachfrage nach den besteuerten Gütern ist. Da die Nachfrage nach preisunelastischen Gütern meist auch recht einkommensunelastisch ist, wäre unter wohlfahrtstheoretischen Gesichtspunkten am ehesten noch eine Sonderbelastung der Necessaria gutzuheißen.

Die spätere Diskussion hat zu zeigen versucht, daß von einer eindeutigen „excess burden“ spezieller Verbrauchsteuern nur unter ganz bestimmten Bedingungen gesprochen werden könne[7], da z. B. bei nicht vollkommen unelastischem Arbeitsangebot auch eine allgemeine Einkommensteuer das optimale Verhältnis von Arbeit und Freizeit beeinträchtige und dieses unter Umständen sogar durch spezielle Verbrauchsteuern auf solche Güter, die besonders der Freizeitgestaltung dienen, wiederhergestellt werden könne[8].

Im übrigen wollen wir uns der Auffassung Walkers anschließen, daß selbst dann, wenn sich die Existenz einer durch Spezialverbrauchsteuern hervorgerufenen „excess burden“ nicht bezweifeln ließe, andere, weit wichtigere Überlegungen für die tatsächliche Ausgestaltung des Steuersystems ausschlaggebend sein sollten: „Other much more general considerations enter into the formulation of tax policy and there is little value in arguing that such and such a tax structure is ‘best’ merely from a consideration of the economic welfare implications. Without any hesitation, therefore, I would call the discussion ... a sterile controversy“[9].

4. Die Unmerklichkeit spezieller Verbrauchsteuern

Die Unmerklichkeit allgemeiner und spezieller indirekter Steuern in dem Sinne, daß die Steuerträger sich ihrer Belastung und damit ihrer Beteiligung an der Finanzierung öffentlicher Ausgaben überhaupt nicht bewußt werden, wird heute, zumindest für hochentwickelte und demokratisch regierte Länder, uneingeschränkt weder als ein steuer-

[6] Vgl. Joseph, M. F. W., The Excess Burden of Indirect Taxation, The Review of Economic Studies, vol. VI, 1939, S. 226 ff.

[7] Vgl. Rolph, E. R., Break, G. F., The Welfare Aspects of Excise Taxes, The Journal of Political Economy, vol. LVII, 1949; wiederabgedruckt in: Readings in the Economics of Taxation, London 1959, S. 110 ff. — Little, I. M. D., Direct versus Indirect Taxes, The Economic Journal, vol. LXI, 1951; wiederabgedruckt in: Readings in the Economics of Taxation, a. a. O., S. 123 ff. — Walker, D., The Direct-Indirect Tax Problem: Fifteen Years of Controversy, Public Finance, vol. X, 1955, S. 153 ff.

[8] Vgl. Corlett, W. J., Hague, D. C., Complementarity and the Excess Burden of Taxation, The Review of Economic Studies, vol. XXI, 1953/54, S. 21 ff.

[9] Vgl. Walker, D., a. a. O., S. 173.

politisches Ideal noch als eine die wirklichen Verhältnisse richtig einschätzende Charakterisierung dieser Steuerform anerkannt[10]. Trotzdem ist unbestreitbar, daß die wenigsten Haushalte die geltenden Steuersätze so gut kennen und über alle getätigten Ausgaben so genau Buch führen, daß sie die von ihnen entrichteten indirekten Steuern feststellen könnten. Aber selbst über die Verbrauchsteuerbelastung gut informierte Konsumenten werden diese subjektiv als weniger drückend empfinden als Lohn- und Einkommensteuern, da sie ihnen in vergleichsweise kleinen Beträgen und zudem in unmittelbarem Zusammenhang mit dem Erwerb nutzenbringender Güter und Dienstleistungen auferlegt wird[11]. Da die subjektive Unterschätzung der Verbrauchsteuerlast um so größer ist, je stärker der Kauf der betreffenden Güter nicht als Lebensnotwendigkeit, sondern als Bestandteil einer gehobenen Lebensführung empfunden wird und je höher das zur Verfügung stehende Einkommen ist[12], sind es also gerade die einkommenselastischen Güter, die sich unter diesem Gesichtspunkt für eine Spezialbesteuerung empfehlen.

Die relative „Unmerklichkeit" indirekter Steuern trägt hauptsächlich dazu bei, daß die Erhebung dieser Steuern bei gleichem Aufkommen mit einer geringeren Beeinträchtigung der Arbeits- und Investitionsanreize verbunden ist als die direkter Steuern. Soweit die schwächeren „anti-incentive"-Wirkungen spezieller Verbrauchsteuern jedoch dadurch bedingt sind, daß diese Steuern zu einer regressiven Belastung des Einkommens führen, würde eine Umgestaltung der Verbrauchsteuern mit dem Ziel einer Abschwächung oder Beseitigung ihres Regressionscharakters allerdings eine Verstärkung ihrer „anti-incentive"-Effekte hevorrufen.

---

[10] Vgl. Wagner, A., a. a. O., S. 647 ff. — Neumark, F., Lassalles Steuerstreitschrift 1863—1963, Finanzarchiv NF, Bd. 23, 1963/64, S. 77. — Ders., Grundsätze der Besteuerung . . ., a. a. O., S. 39.

[11] Vgl. Puviani, A., Die Illusionen in der öffentlichen Finanzwirtschaft, Berlin 1960, S. 128.

[12] Vgl. Schmölders, G., „Unmerkliche" Steuern, Finanzarchiv NF, Bd. 20, 1959/60, S. 29 f.

Folgendes Ergebnis einer Verbraucherbefragung ist dort wiedergegeben:

Familien-einkommen (netto) DM	Einschätzung der Verbrauchsteuerlast (% der Befragten)			
	richtig	zu niedrig	zu hoch	keine Angaben
unter 260	52	—	26	22
260— u. 390	30	18	34	18
390— u. 600	22	35	28	15
über 600	15	46	26	13

5. Die Verteilung der Verbrauchsteuerbelastung

In unseren Überlegungen soll die Frage, welche Verteilung der Gesamtsteuerlast als gerecht anzusehen ist, nicht näher untersucht werden[13]. Es wird unterstellt, daß eine adäquate Erfassung der steuerlichen Leistungsfähigkeit und ein darüber hinausgehender sozialer Umverteilungsprozeß nur durch eine auf das Einkommen bezogen progressive Belastung erreicht werden können, wobei der Grad der Progression letzten Endes politisch bestimmt werden muß[14].

a) Die Ergänzungsfunktion der Spezialverbrauchsteuern

Die Ausgestaltung der speziellen Verbrauchsteuern kann im Hinblick auf die Belastungswirkungen derjenigen Steuern erfolgen, die als die Hauptstützen des Steuersystems angesehen werden, wenn diese ihrerseits als unvollkommen bezeichnet werden müssen. Nur die Steuerlastverteilung, die durch die jeweils betrachteten Steuern gemeinsam verursacht wird, soll dann den vorgegebenen Zielsetzungen entsprechen.

Sollen z. B. hohe Einkommen relativ stärker als im Rahmen der Einkommensteuerprogression getroffen werden, so müßte die Einkommenselastizität des Verbrauchs der besteuerten Güter größer sein als die der Einkommensteuerlast. Einem solchen Zweck dienen die wegen ihrer geringen fiskalischen Ergiebigkeit vielgeschmähten Luxussteuern, soweit sie nicht normativ begründet und daher den Ordnungsteuern zuzurechnen sind[15]. Genauso kann durch regressiv wirkende Verbrauchsteuern eine übersteigerte Progression der Einkommensteuerbelastung abgemildert werden; allerdings wird meist gerade umgekehrt eine steile Einkommensteuerprogression mit dem Hinweis auf bestehende regressive Verbrauchsteuern gerechtfertigt, auf deren Erträge aus fiskalischen Gründen nicht verzichtet werden kann.

Die Spezialverbrauchsteuern können auch als ein Instrument zur Modifizierung einer proportional wirkenden allgemeinen Umsatzsteuer aufgefaßt werden. Die gemeinsamen Belastungswirkungen ähneln dann denen einer Umsatzsteuer mit nach Güterarten gestaffelten Sätzen, wie sie etwa die britische „Purchase Tax“ darstellt.

---

13 Vgl. dazu Wagner, A., a. a. O., sowie ders., Grundlegung der politischen Ökonomie, 3. Aufl., Leipzig 1892/94. — Mann, F. K., Die Gerechtigkeit in der Besteuerung, in: Festgabe für Georg von Schanz, Bd. II, Tübingen 1928, S. 112 ff. — Ders., Zur Frage der steuerlichen Lastendistribution, Jahrbücher für Nationalökonomie und Statistik, Bd. 124, 1926, S. 30 ff. — Koch, W., Das Verhältnis zwischen gesellschaftlicher und steuerlicher Gerechtigkeit bei Adolph Wagner, Finanzarchiv NF, Bd. 23, 1963/64, S. 36 ff.

14 Vgl. Haller, H., Die Steuern, a. a. O., S. 69 ff., S. 86 ff.

15 Vgl. Wagner, A., Finanzwissenschaft, a. a. O., S. 636, S. 681. — Schäffle, A., Die Steuern, Besonderer Teil, Leipzig 1897, S. 227 ff.

Ein Steuersystem, in dem die Belastungswirkungen jeder einzelnen Steuerart sich so weit, wie es im Rahmen ihrer besonderen Gegebenheiten möglich ist, den für die Gesamtsteuerlast aufgestellten Zielen annähern, ist jedoch grundsätzlich einem solchen mit sehr unterschiedlich wirkenden, wenn auch einander ergänzenden Steuern vorzuziehen[16].

b) Die Spezialverbrauchsteuern als selbständige Einnahmenkategorie

Im folgenden soll von der Voraussetzung ausgegangen werden, daß die Ausgestaltung aller übrigen bedeutsamen Steuern hinsichtlich ihrer Lastverteilungswirkungen befriedigend ist. Auch die Belastung durch spezielle Verbrauchsteuern sollte unter diesen Umständen möglichst gut dem Prinzip der Besteuerung nach der Leistungsfähigkeit und eventuellen Umverteilungspostulaten entsprechen, d. h. sie sollte in bezug auf das Einkommen der Steuerträger möglichst wenig regressiv, im Idealfall sogar progressiv wirken.

Einen ersten Schritt in diese Richtung könnte der Übergang von spezifischen Verbrauchsteuern zu Wertsteuern bedeuten, da die Verbrauchsausgaben wegen der in der Regel positiven Qualitätselastizität einkommenselastischer sind als der Mengenverbrauch. Die überlieferte Bevorzugung spezifischer Steuern dürfte ursprünglich auf Unzulänglichkeiten der Steuerverwaltung zurückzuführen gewesen sein, die heute für hochentwickelte Länder nicht mehr gegeben sind.

Des weiteren wären vor allem solche Güter als Steuerobjekte auszuwählen, für die die Einkommenselastizität der Ausgaben größer als Eins ist, so daß der Prozentsatz des Einkommens, der für den Erwerb der besteuerten Güter verwendet wird, und damit die relative Steuerbelastung mit wachsendem Einkommen zunehmen. Große Haushalte, die bei gleichem Einkommen mehr für einkommensunelastische Güter ausgeben, hätten in diesem Fall eine geringere Verbrauchsteuerlast zu tragen als kleinere Haushalte. Solche Güter, deren Einkommenselastizität zwar größer als Eins ist, die aber von größeren Familien stärker nachgefragt werden als von kleinen, weil sie die Inanspruchnahme von Dienstleistungen ersetzen, sollten nicht zur Besteuerung herangezogen werden[17].

Die Orientierung an der Einkommenselastizität der Verbrauchsausgaben macht normativ beeinflußte Überlegungen über den Luxus-

---

[16] Vgl. Neumark, F., Probleme der Steuerprogression, in: Neumark, F., Wirtschafts- und Finanzprobleme des Interventionsstaates, a. a. O., S. 374 f.
[17] Vgl. Neumark, F., Steuerpolitik in der Überflußgesellschaft, a. a. O., S. 20.

charakter oder Entbehrlichkeitsgrad gewisser Güter und die daraus zu ziehenden Schlüsse auf die Steuerfähigkeit überflüssig; qualitative Kriterien werden also durch quantitative ersetzt.

Die Tatsache, daß auch bei Zugrundelegung quantitativer Maßstäbe bei der Ausgestaltung spezieller Verbrauchsteuern nur das durchschnittliche Konsumentenverhalten berücksichtigt werden kann, stellt allerdings eine von Haller besonders betonte fundamentale Schwäche dieser Steuerform dar[18]. Einerseits können individuelle Unterschiede in den Verbrauchsgewohnheiten zu einer erheblichen Mehr- oder Minderbelastung durch Spezialverbrauchsteuern führen, die nur unter ordnungspolitischen Gesichtspunkten als wünschenswert anzusehen wäre[19]. Andererseits ist kaum eine Spezialverbrauchsteuer denkbar, die auch sehr hohe Einkommen in ausreichendem Umfang belastet, da in der Realität die Einkommenselastizitäten einzelner Ausgabenkategorien mit wachsendem Einkommen allgemein abzunehmen und unter Eins zu sinken tendieren. Prinzipiell sind jedoch solche Spezialverbrauchsteuern, die wenigstens bei durchschnittlicher Verbrauchsgestaltung eine wenig regressive oder gar eine progressive Belastung garantieren, solchen vorzuziehen, die auch dann schon ungünstige Steuerlastverteilungen hervorrufen.

Auf eine Differenzierung der Steuersätze für die verschiedenen Qualitäten eines Konsumgutes könnte bei der Erhebung von Wertsteuern verzichtet werden. Durch eine Staffelung der Steuersätze dergestalt, daß die Ausgaben für Güter mit höherer Einkommenselastizität mit höheren Sätzen belegt werden als die für weniger elastische[20], würden hingegen die Belastungswirkungen der Spezialverbrauchsteuern, als Gesamtgruppe gesehen, verbessert.

Bei allen auf Verbrauchsteueränderungen hinauslaufenden Vorschlägen ist zu bedenken, daß durch derartige Maßnahmen eine Vielzahl von Überwälzungs- und Anpassungsvorgängen ausgelöst wird, die die endgültige Steuerlastverteilung bestimmen. Bei der Auswahl der Steuerobjekte und der Festsetzung der Steuersätze müßten sie von vornherein miteinkalkuliert werden. Dieses Problem ist unter Berücksichtigung aller Interdependenzen quantitativ nicht zu lösen. Man kann jedoch ceteris paribus annehmen, daß die Überwälzung bei Gütern mit höherer Einkommenselastizität in geringerem Umfang gelingt als bei

---

18 Vgl. Haller, H., Die Steuern, a. a. O., S. 225.

19 Auch allgemeine Einkommen- und Verbrauchsteuern berücksichtigen allerdings individuelle Präferenzunterschiede hinsichtlich Arbeitsleid und Freizeitnutzen nicht.

20 Eine solche Staffelung der Steuersätze wurde auch schon von älteren Autoren, wie Wagner (Finanzwissenschaft, a. a. O., S. 682 f.) und Schäffle (a. a. O., S. 250) gefordert.

solchen mit niedrigerer Einkommenselastizität, da die Nachfrage nach ersteren meist auch preiselastischer ist. Dadurch werden die durch eine Staffelung der Steuersätze angestrebten Lastverteilungswirkungen abgeschwächt, bzw. die Staffelung ist auch dann erforderlich, wenn bei Gütern mit verschieden hoher Preiselastizität eine auf den Preis bezogen gleiche prozentuale Traglast der Konsumenten erreicht werden soll. Figur 5 veranschaulicht diesen Zusammenhang, wobei der Einfachheit halber angenommen ist, daß für die beiden betrachteten Güter 1 und 2 vor Steuereinführung die gleiche Angebotsfunktion und der gleiche Gleichgewichtspreis gelten.

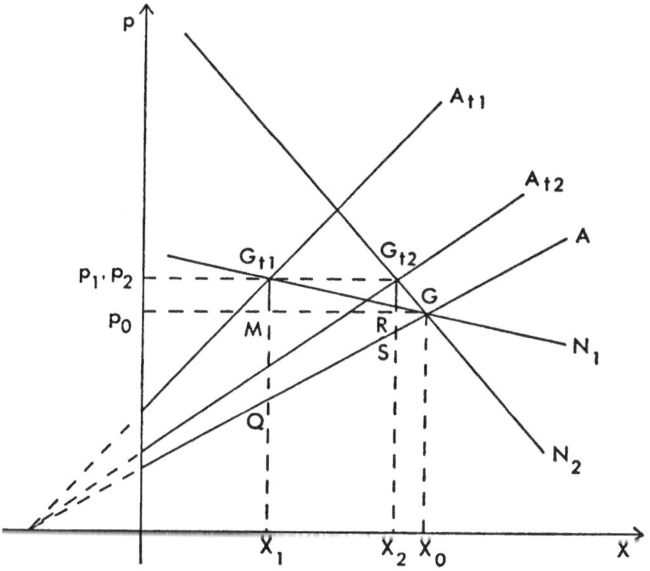

Figur 5

N_1	= Nachfragefunktion für das Gut 1
N_2	= Nachfragefunktion für das Gut 2
A	= identische Angebotsfunktion für beide Güter vor Steuereinführung
A_{t1}	= Angebotsfunktion für das Gut 1 nach Einführung einer Wertsteuer
A_{t2}	= Angebotsfunktion für das Gut 2 nach Einführung einer Wertsteuer
$G_{t1}Q$	= Wertsteuer auf Gut 1
$G_{t2}S$	= Wertsteuer auf Gut 2
$G_{t1}M = G_{t2}R$	= vom Konsumenten getragene Steuer

Die vorstehenden Ausführungen beziehen sich auf Unterschiede zwischen den Preiselastizitäten verschiedener Güter. Variiert auch die Preiselastizität eines einzelnen Gutes mit dem Einkommen, d. h. nimmt sie mit wachsendem Einkommen ab, so werden bei Einführung einer Verbrauchsteuer die Bezieher hoher Einkommen ihre Ausgaben für dieses Gut relativ weniger einschränken als die Bezieher niedriger Einkommen. Die Einkommenselastizität der Bemessungsgrundlage ist dann nach Steuereinführung größer als vorher.

Die Chance, die Verbrauchsteuerlast auf die Konsumenten zu überwälzen, ist um so größer, je geringer deren Möglichkeiten zur Substitution durch nichtbesteuerte Güter sind. Aus diesem Grund kann eine Besteuerung von Gütern mit relativ unelastischer Nachfrage dann zweckmäßig sein, wenn diese in einem engen Substitutionsverhältnis zu anderen Gütern stehen, die sich wegen ihrer hohen Einkommenselastizität als Steuerobjekte eignen.

6. Der Zusammenhang zwischen Steuerlastverteilung und Aufkommensentwicklung in einer wachsenden Wirtschaft

Die Verteilung der Verbrauchsteuerbelastung, die durch die Auswahl der Bemessungsgrundlagen und Steuersätze festgelegt wird, bestimmt in einer wachsenden Wirtschaft gleichzeitig die zeitliche passive Elastizität des Verbrauchsteueraufkommens. Diese Elastizität, die z. B. durch das Verhältnis der prozentualen Änderungsraten des Verbrauchsteueraufkommens pro Kopf und des Volkseinkommens pro Kopf ausgedrückt werden kann, müßte bei regressiv wirkenden Steuern kleiner als Eins, bei proportionalen gleich Eins und bei progressiven größer als Eins sein. Allerdings kann dieser quantitative Zusammenhang durch rechentechnische Besonderheiten einer- und durch ökonomische Einflüsse andererseits verzerrt werden:

a) Die individuelle Steuerlast und die empirisch ermittelten Verbrauchselastizitäten beziehen sich jeweils auf das private Verfügungseinkommen, das sich vom Volkseinkommen durch den Betrag der unverteilten Unternehmensgewinne, der Erwerbseinkünfte des Staates und der Differenz zwischen direkten Steuern und staatlichen Transferzahlungen (einschließlich der Zinsen auf öffentliche Schulden) unterscheidet. Steigt der Anteil dieses Betrages am Volkseinkommen, so ergibt sich für das Verbrauchsteueraufkommen eine geringere Elastizität als für die individuelle Steuerbelastung.

b) Die Elastizität des Steueraufkommens hängt nicht nur von den individuellen Einkommenselastizitäten der besteuerten Verbrauchsausgaben und der darauf beruhenden Abstufung der Belastung verschieden hoher Einkommen ab, sondern auch von Änderungen der Einkommensverteilung, im Falle abnehmender Einkommenselastizität sogar vom Gleichmäßigkeitsgrad einer konstant bleibenden Einkommensverteilung[21].

c) Wachstumsbedingte Preisänderungen bei besteuerten Gütern führen zu einer Änderung der Elastizität der Verbrauchsausgaben[22] und des Steueraufkommens, während die individuelle Steuerlastverteilung dadurch nur variiert wird, wenn die Preiselastizität der Verbrauchsausgaben sich mit der Einkommenshöhe verändert.

Die Bevorzugung besonders einkommenselastischer Verbrauchsteuerobjekte, die in Zeiten wirtschaftlicher Depression starke Aufkommensrückgänge zur Folge hat und deshalb bis zur Erforschung der Stabilisierungseffekte einer antizyklischen Finanzpolitik oft aus fiskalischen Gründen abgelehnt wurde, kann bei stetigem Wirtschaftswachstum mit einer erheblichen Zunahme der Steuererträge verbunden sein, so daß in dieser Situation der schon durch die Aufkommensentwicklung der progressiven Einkommensteuer gegebene Anreiz zu einer unerwünschten Erhöhung des Anteils der öffentlichen Ausgaben am Bruttosozialprodukt weiter gefördert wird. Da eine geringere passive Aufkommenselastizität jedoch nicht ohne Beeinträchtigung des Steuerlastverteilungsziels erreicht werden kann, sollte eine unter diesem Gesichtspunkt als notwendig erscheinende Anpassung der Steuererträge jeweils über eine entsprechende gleichmäßige Senkung der Steuersätze erfolgen — dies um so mehr, als die Entwicklung der Relation zwischen öffentlichem und privatem Sektor nicht einer wachstuminhärenten Gesetzmäßigkeit folgt, sondern durch diskretionäre ausgabenpolitische Entscheidungen bestimmt wird, denen auch logisch eine aktive Steueraufkommenselastizität besser entspricht. Hinzu kommt, daß wegen der in der Realität auf längere Sicht gegebenen Abnahme der Einkommenselastizität der meisten Verbrauchsausgabenkategorien auch im Hinblick auf die Verteilung der Steuerlast von Zeit zu Zeit Verbrauchsteueränderungen notwendig werden und bei dieser Gelegenheit eine Anpassung der Durchschnittsbelastung an den gewünschten Umfang der öffentlichen Ausgaben vorgenommen werden kann.

7. Die absolute Höhe des Verbrauchsteueraufkommens

Bei der Auswahl der Verbrauchsteuerobjekte ist nicht nur der Steuerlastverteilung und der Wachstumselastizität des Aufkommens, sondern auch dem Niveau der erzielbaren Einnahmen Beachtung zu schenken. Ist die Einkommenselastizität der besteuerten Ausgaben zwar ausreichend, der Anteil dieser Ausgaben am Einkommen jedoch

---

[21] Vgl. die Ausführungen oben S. 46 ff.

[22] Vgl. oben S. 55.

gering, so müßte, wenn wegen möglicher Steuerwiderstände und „anti-incentive"-Wirkungen die Steuersätze nicht genügend hoch festgelegt werden können, entweder vorübergehend ein bescheidenerer Steuerertrag in Kauf genommen oder bei gegebenem Staatsbedarf ein großer Kreis von Gütern der Besteuerung unterworfen werden, wodurch unter Umständen höhere Erhebungskosten verursacht und damit die Netto-Steuererträge ebenfalls geschmälert würden.

Viele der älteren finanzwissenschaftlichen Autoren neigten der Ansicht zu, daß alle indirekten Steuern im Vergleich zu den direkten einen größeren Verwaltungsaufwand und dadurch höhere Erhebungskosten erforderten[23]. Gegenüber den modernen, quantitative und qualitative Belastungsdifferenzierungen zulassenden Einkommensteuern dürfte das Kostenverhältnis jedoch eher umgekehrt sein[24].

Den Unterschieden in den Erhebungskosten einzelner Steuerarten kommt heute grundsätzlich keine große Bedeutung mehr zu, weil der Anteil der Kosten am Steueraufkommen, verglichen mit den in früheren Jahrhunderten bestehenden Relationen, gering ist. Lediglich bei der Gruppe der Bezieher kleinster Einkommen mag der Kostengesichtspunkt ausschlaggebend dafür sein, daß deren geringe steuerliche Leistungsfähigkeit nicht durch direkte Einkommen-, sondern durch indirekte Umsatz- und Spezialverbrauchsteuern miterfaßt wird.

Weder Necessaria noch ausgesprochene Luxusgegenstände sind also ideale Verbrauchsteuerobjekte; aber auch geringwertige Güter, die nicht in großen Mengen verbraucht werden, sind für eine Spezialverbrauchsbesteuerung nicht geeignet.

II. Charakterisierung der besteuerungsfähigen Verbrauchsausgabenkategorien

Mit Hilfe der empirischen Ergebnisse der Verbrauchsstrukturanalyse und der im vorhergehenden Abschnitt dargestellten Besteuerungskriterien können wir nun den Kreis der in einer Wohlstandsgesellschaft für eine Spezialverbrauchsbesteuerung in Frage kommenden Güter konkretisieren.

1. Ausgesprochene Bagatellsteuern, wie etwa die bundesrepublikanischen Essigsäure-, Zündwaren- und Spielkartensteuern[25], sollten ohne Rücksicht auf die Einkommenselastizität der Ausgaben aus Gründen der Vereinfachung des Steuersystems nicht erhoben werden.

---

23 Vgl. Wagner, A., a. a. O., S. 666. — Lotz, J. H. E., Handbuch der Staatswirthschaftslehre, 3. Bd., Erlangen 1822, S. 338 ff.

24 Vgl. Neumark, F., Lassalles Steuerstreitschrift ..., a. a. O., S. 77.

25 Das gemeinsame Aufkommen aus diesen Steuern betrug 1962 17,9 Mill. DM; das sind ungefähr 0,4 % des Tabaksteueraufkommens und sogar noch weniger als 50 % des Salzsteueraufkommens.

2. Alle Güter, für die die Elastizität der Ausgaben in bezug auf das Einkommen kleiner als Eins ist, sollten wegen der bei ihrer Besteuerung hervorgerufenen regressiven Belastungsverteilung steuerfrei bleiben. Infolgedessen wären die in der BRD heute noch bestehenden Salz- und Zuckersteuern abzuschaffen, zumal da sie weder irgendwelche normativ begründete Verbrauchslenkungsfunktionen zu erfüllen haben, noch wegen der geringen Höhe der Ausgaben für diese Güter besonders ertragreich sind, noch Substitute für andere besteuerte Güter belasten.

3. Bei der Besteuerung solcher Güter, deren Ausgabenelastizität in bezug auf das Einkommen ungefähr Eins entspricht, wird zwar eine Regressionswirkung für die breite Masse der Konsumenten vermieden, jedoch auch keine Progressionswirkung erreicht. Die Neueinführung von Spezialverbrauchsteuern auf derartige Güter ist deshalb prinzipiell nicht zu empfehlen.

Die empirische Analyse zeigt jedoch, daß die Einkommenselastizitäten der Ausgaben für die klassischen Verbrauchsteuerobjekte Branntwein, Bier, Kaffee und Zigaretten sich in dieser Größenordnung bewegen. Die Beibehaltung dieser Steuern läßt sich daher kaum noch mit der Erfassung einer besonderen Leistungsfähigkeit der Bezieher höherer Einkommen, sondern nur mit fiskalischen Argumenten und sozialen Werturteilen über die Entbehrlichkeit oder gar Schädlichkeit des Konsums der betreffenden Güter rechtfertigen. Zur konsequenten Verwirklichung dieses ordnungspolitischen Ziels und zur Verminderung der Substitutionseffekte müßte dann allerdings auch die Besteuerung der Ausgaben für Tee, Zigarren, sonstige Tabakwaren, Kakao, Schokolade und andere Süßwaren ohne Rücksicht auf deren Regressivwirkung befürwortet werden.

Bei weiter anhaltendem Wirtschaftswachstum ist mit dem Absinken der Einkommenselastizität aller Genußmittel unter Eins zu rechnen, so daß sich mit ziemlicher Sicherheit nicht nur die Steuererträge unterproportional zum Volkseinkommen entwickeln werden, sondern auch die Belastungsverteilung ausgesprochen regressiv werden wird. Deshalb müßten diese Steuern zumindest durch andere Spezialverbrauchsteuern ergänzt werden.

4. Eine wenigstens für die unteren und mittleren Einkommensbereiche progressive Steuerlastverteilung kann nur durch die Besteuerung solcher Güter erreicht werden, für die die Ausgaben nach den von uns angegebenen Berechnungen eine Einkommenselastizität von größer als Eins aufweisen.

Zu diesen Gütern gehören Wein und Schaumwein, deren Besteuerung bei Aufrechterhaltung der übrigen Genußmittelsteuern sowieso geboten ist[26]. Wegen der Höhe ihrer Einkommenselastizität ist auch eine Besteuerung alkoholfreier Erfrischungsgetränke denkbar. Die Belastung sollte jedoch geringer sein als die der Alkoholika, um eine gesundheitspolitisch unerwünschte Substitution durch letztere möglichst auszuschließen.

Ein weiteres mögliches Besteuerungsobjekt bilden die Ausgaben für Parfüm und kosmetische Präparate. Empirische Elastizitätswerte konnten zwar überwiegend nur für die umfassendere Ausgabenkategorie „Körperpflege“ aufgeführt werden; da aber die Einkommenselastizität der Gesamtausgaben für diesen Zweck größer als Eins ist, ist anzunehmen, daß höchstens solche Drogeriewaren, die hygienischen Grundbedürfnissen dienen (wie etwa Seife, Zahnpasta usw.), eine Elastizität von kleiner als Eins haben.

So wie einerseits durch Spezialverbrauchsteuern die Absicht einer Konsumeinschränkung verfolgt wird, kann andererseits mit dem Ziel der Förderung bestimmter Konsumarten bewußt auf eine Besteuerung verzichtet werden, auch wenn die Höhe der Einkommenselastizität für eine Belastung spräche. Aus dieser Überlegung heraus sollten die Ausgaben der Kategorie „Bildung und Erholung“ steuerfrei bleiben.

Bei den Ausgaben für Möbel und Oberbekleidung dürfte sich der steuerliche Zugriff nicht auf die Gesamtkategorien erstrecken, da eine gewisse Ausstattung mit diesen Gütern zum Existenzminimum gehört und die durchschnittliche Steuerbelastung für die Bezieher niedriger Einkommen trotz einer möglichen progressiven Steuerlastverteilung zu hoch wäre. Zu einem Urteil über die eventuelle Besteuerung einzelner aufwendigerer Güterarten dieser Kategorien — falls jene überhaupt eindeutig abgrenzbar wären — reicht das zur Verfügung stehende statistische Material nicht aus.

Als außerordentlich besteuerungsfähig sind die Ausgaben für elektrotechnische Haushaltsgeräte anzusehen, deren Einkommenselastizität ungefähr den Wert von Zwei erreicht. Da — wie bereits erwähnt — vorwiegend der Arbeitsersparnis dienende Geräte nicht belastet werden sollten, kommen für die Besteuerung hauptsächlich Rundfunk- und Fernsehgeräte, Tonbandgeräte, Plattenspieler und das entsprechende Zubehör in Frage, ebenso optische Geräte, wie Photoapparate, Filmkameras und Projektoren, für die zwar keine empirischen Daten angegeben werden konnten, deren Einkommenselastizität aber sicherlich über Eins liegt. Werden die Ausgaben für alle diese Güter mit Spezialverbrauchsteuern belegt, so sind die Möglichkeiten zur Substitution durch nichtbesteuerte Güter sehr gering.

---

[26] Die unter steuersystematischen Gesichtspunkten vollkommen widersinnige Steuerfreiheit des Stillweinkonsums in der BRD ist nur als eine indirekte Subventionierung der Winzer zu verstehen.

Haltung und Betrieb von Kraftfahrzeugen werden heute in den hochentwickelten Ländern durch direkte Kraftfahrzeugsteuern und indirekte Mineralölsteuern belastet, die nach allgemeiner Auffassung als ein Äquivalent für die der öffentlichen Hand entstehenden Straßenbau- und -unterhaltungskosten angesehen werden[27]. Wenn jedoch die Spezialbesteuerung anderer langlebiger Konsumgüter befürwortet wird, deren Nutzung nicht an die Erstellung besonderer öffentlicher Leistungen gebunden ist, so ist grundsätzlich nicht einzusehen, warum nicht auch die Ausgaben der privaten Haushalte für eigene Kraftfahrzeuge, die die größte Einkommenselastizität aller Ausgabenkategorien überhaupt aufweisen, neben den nach dem Äquivalenzprinzip gerechtfertigten Steuern durch eine Spezialverbrauchsteuer belastet werden sollten, die auf den Verkaufspreis fabrikneuer Fahrzeuge erhoben wird und bei Weiterveräußerung partiell an den Nächsterwerber weitergegeben werden kann.

Die steuerliche Behandlung der gewerblichen Kraftfahrzeugausgaben stellt hierbei allerdings ein erhebliches praktisches Problem dar. Zunächst wäre eine derartige Kraftfahrzeugsteuer auf Personenkraftwagen zu beschränken. Von diesen dürfte nur ein geringer Prozentsatz ausschließlich erwerbswirtschaftlichen Zwecken dienen. Können die Anschaffungs- und Unterhaltskosten solcher Personenkraftwagen, die sowohl für private Konsum- als auch für produktive Zwecke benutzt werden, bei der Ermittlung des einkommensteuerpflichtigen Einkommens in Jahresraten abgezogen werden, so wird damit ein gewisser Ausgleich für die Verbrauchsteuerbelastung von nicht dem privaten Konsum zurechenbaren Kraftfahrzeugausgaben erreicht; die Besteuerung aller Ausgaben für Personenkraftwagen wäre daher einer Befreiung der Ausgaben für vollständig oder teilweise gewerblich genutzte Fahrzeuge vorzuziehen.

Auch bei einigen der oben als Verbrauchsteuerobjekte empfohlenen langlebigen Gebrauchsgüter besteht die Möglichkeit, daß diese Erwerbszwecken dienen. Hier werden sich konsumtive und produktive Verwendung jedoch meist gegenseitig ausschließen, so daß bei eindeutigem Nachweis von letzterer eine Steuerbefreiung unbedenklich wäre.

Im Zuge eines weiteren Wirtschaftswachstums wird die Einkommenselastizität der hier als besteuerungsfähig charakterisierten Konsumausgaben allerdings abnehmen und die Steuerlastverteilung sich demgemäß zugunsten der Bezieher höherer Einkommen verändern. Letzteres ist aber auch bei allen Einkommensteuertarifen mit verzögerter

---

[27] Vgl. Fecher, H., Probleme der Zweckbindung öffentlicher Einnahmen. Dargestellt am Beispiel der Spezialisierung von Kraftverkehrsabgaben für die öffentlichen Ausgaben im Straßenwesen, Berlin 1963, S. 128 ff.

Progression der Fall, widerspricht also grundsätzlich nicht den herrschenden Vorstellungen über eine gerechte Steuerlastverteilung. Während es sich jedoch bei der Einkommensteuer immer nur um eine Abschwächung der Progression handelt, kann bei der Verbrauchsbesteuerung die Belastungsverteilung für eine zunehmende Zahl von Konsumenten regressiv werden. Sobald davon die breite Masse der Verbraucher betroffen wird, ist eine erneute Revision des Verbrauchsteuersystems unumgänglich.

Verzeichnis der benutzten Literatur

Aitchison, J., *Brown*, J. A. C., A Synthesis of Engel Curve Theory, The Review of Economic Studies, vol. XXII, 1954/55, S. 35 ff.

Allen, R. G. D., The Concept of Arc Elasticity of Demand, The Review of Economic Studies, vol. I, 1933/34, S. 226 ff.

— Mathematical Analysis for Economists, 10th reprint, London 1962.

Allen, R. G. D., *Bowley*, A. L., Family Expenditure. A Study of its Variation, London 1935.

Anderson, O., jun., Zur Frage der Errechnung der Einkommenselastizität, Mitteilungsblatt für Mathematische Statistik, Jg. 2, 1950, S. 93 ff.

Andic, F., Distribution of Family Income in Puerto Rico, Rio Piedras 1964.

Apelt, K., Die Konsumtion der wichtigsten Kulturländer in den letzten Jahrzehnten, Berlin 1899.

Bandeen, R. A., Automobile Consumption 1940—1950, Econometrica, vol. 25, 1957, S. 239 ff.

Barten, A. D., Consumer Demand Functions under Conditions of almost Additive Preferences, Econometrica, vol. 32, 1964, S. 1 ff.

Becker, E., Die Konsumtionsveränderung. Die Durchsetzung von Konsumtionsneuerungen in den Lebenshaltungsvorstellungen der sozialen Gruppen, Dissertation Frankfurt a. M. 1945.

Bentzel, R., Schwedens Konsum 1931—1965, Skandinaviska Banken, Vierteljahresbericht, Jg. 39, Nr. 1, 1958, S. 12 ff.

Bickel, W., *Leser*, C., Gesetzmäßigkeiten der Einkommensverwendung, Zeitschrift für Schweizerische Statistik und Volkswirtschaft, Jg. 75, 1939, S. 59 ff.

Bössmann, E., Probleme einer dynamischen Theorie der Konsumfunktion, Berlin 1957.

Bombach, G., Quantitative und monetäre Aspekte des Wirtschaftswachstums, in: *Hoffmann*, W. G. (Hrsg.), Finanz- und währungspolitische Bedingungen stetigen Wirtschaftswachstums, Schriften des Vereins für Socialpolitik NF, Bd. 15, Berlin 1959, S. 154 ff.

— Der Strukturbegriff in der Ökonomie, in: *Neumark*, F. (Hrsg.), Strukturwandlungen einer wachsenden Wirtschaft, Schriften des Vereins für Socialpolitik NF, Bd. 30/I, Berlin 1964, S. 10 ff.

Borchardt, K., Die Veränderlichkeit der Konsumgüterstruktur in der wachsenden Wirtschaft, in: *Krelle*, W. (Hrsg.), Theorien des einzelwirtschaftlichen und des gesamtwirtschaftlichen Wachstums, Schriften des Vereins für Socialpolitik NF, Bd. 34, Berlin 1965, S. 113 ff.

Bowman, M. J., A Graphical Analysis of Personal Income Distribution in the United States, The American Economic Review, vol. XXXV, 1945, S. 607 ff.; wiederabgedruckt in: Readings in the Theory of Income Distribution, London 1950, S. 72 ff.

Break, G. F., Excise Tax Burdens and Benefits, The American Economic Review, vol. XLIV, 1954, S. 577 ff.

Brittain, H., The British Budgetary System, 2nd impr., London 1960.

Bunkers, E. W., *Cochrane*, W. W., On the Income Elasticity of Food Services, The Review of Economics and Statistics, vol. 39, 1957, S. 211 ff.

Burns, A. F., The Instability of Consumer Spending, Thirty-second annual report, National Bureau of Economic Research, New York 1952.

Canoyer, H. G., *Vaile*, R. S., Economics of Income and Consumption, New York 1951.

Champernowne, D. G., *Worswick*, G. D. N., A Note on the Adding-up Criterion, The Review of Economic Studies, vol. XXII, 1954/55, S. 57 ff.

Clark, C., The Conditions of Economic Progress, 3. Aufl., London 1957.

Cochrane, W. W., *Tomek*, W. G., Long-Run Demand: A Concept, and Elasticity Estimates for Meats, Journal of Farm Economics, vol. XLIV, 1962, S. 717 ff.

Corlett, W. J., *Hague*, D. C., Complementarity and the Excess Burden of Taxation, The Review of Economic Studies, vol. XXI, 1953/54, S. 21 ff.

Cramer, J. S., Ownership Elasticities of Durable Consumer Goods, The Review of Economic Studies, vol. XXV, 1957/58, S. 87 ff.

Das deutsche Volkseinkommen vor und nach dem Kriege, Einzelschriften zur Statistik des Deutschen Reichs, Nr. 24, Berlin 1932.

Das Sozialprodukt in den Jahren 1950 bis 1962, Wirtschaft und Statistik, H. 10, 1963, S. 575 ff.

David, M. H., Family Composition and Consumption, Amsterdam 1962.

Der Fiskus als Sozialpolitiker, Institut „Finanzen und Steuern“, H. 77, Bonn 1965.

Dewhurst, J. F., *Coppock*, J. O., *Yates*, P. L. u. a., Europe's Needs and Resources. Trends and Prospects in Eighteen Countries, New York 1961.

Die Entwicklung des Konsums in Japan, Japanhandel, Informationsblatt des deutsch-japanischen Wirtschaftsbüros Hamburg, No. 22, 1961, S. 2 ff.

Die Lebenshaltung von 2000 Arbeiter-, Angestellten- und Beamtenhaushaltungen, Einzelschriften zur Statistik des Deutschen Reichs, Nr. 22 I, Berlin 1932.

Die steuerliche Belastung des Haushaltsbedarfs durch Verbrauchsabgaben und Zölle, Einzelschriften zur Statistik des Deutschen Reichs, Nr. 21, Berlin 1932.

Die Wohnraumheizung in den Vereinigten Staaten von Amerika im Jahr 2000, Ifo-Schnelldienst, Jg. 18, Nr. 22, 1965, S. 4 ff.

Due, J. F., Government Finance and Economic Analysis, 3rd ed., Homewood/Ill. 1963.

Duesenberry, J. S., Income, Saving and the Theory of Consumer Behavior, 3rd printing, Cambridge, Mass., 1959.

Engel, E., Die Lebenskosten belgischer Arbeiterfamilien früher und jetzt, Dresden 1895.

Entwicklungstendenzen der Erzeugung und des Verbrauchs von Nahrungsmitteln in der EWG, Europäische Wirtschaftsgemeinschaft, Sammlung Studien, Reihe Landwirtschaft, Nr. 2, Brüssel 1960.

Euler, M., Die Struktur des Privaten Verbrauchs nach vorläufigen Ergebnissen der Einkommens- und Verbrauchsstichprobe 1962/63, Wirtschaft und Statistik, H. 8, 1965, S. 488 ff.

Fecher, H., Probleme der Zweckbindung öffentlicher Einnahmen. Dargestellt am Beispiel der Spezialisierung von Kraftverkehrsabgaben für die öffentlichen Ausgaben im Straßenwesen, Berlin 1963.

Ferber, R., Research on Household Behavior, The American Economic Review, vol. LII, 1962, S. 19 ff.

Fourastié, J., Die große Hoffnung des Zwanzigsten Jahrhunderts, Köln-Deutz 1954.

Frisch, R., New Methods of Measuring Marginal Utility, Tübingen 1932.

Galbraith, J. K., The Affluent Society, Boston 1958.

Gehrig, G., Bestimmungsfaktoren des Konsums in der Bundesrepublik, Berlin — München 1958.

— Eine ökonometrische Analyse des Konsums von 1925 bis 1938 und 1950 bis 1957, Berlin — München 1962.

Gerloff, W., Verbrauch und Verbrauchsbelastung kleiner und mittlerer Einkommen in Deutschland um die Wende des 19. Jahrhunderts, Jahrbücher für Nationalökonomie und Statistik, III. Folge, Bd. 35, 1908, S. 1 ff.

— Regelmäßigkeiten und Wandlungen des Verbrauchs in der häuslichen Wirtschaft, in: *Flaskämper*, P., *Blind*, A. (Hrsg.), Beiträge zur deutschen Statistik, Festgabe für Franz Žižek zur 60. Wiederkehr seines Geburtstages, Leipzig 1936, S. 194 ff.

Gilboy, E. W., Elasticity, Consumption and Economic Growth, The American Economic Review, Papers und Proceedings, vol. XLVI, 1956, S. 119 ff.

Gollnick, H., Die Elastizität der Nachfrage nach Zucker, Agrarwirtschaft, Jg. 4, 1955, S. 337 ff.

— Ausgaben und Verbrauch in Abhängigkeit von Einkommen und Haushaltsstruktur. Vergleich von Querschnittsanalysen 1927/28 und 1950/51, Hannover 1959 (Sonderheft 6/7 der „Agrarwirtschaft").

Goumas, L., Dic Verbrauchsgesetze im Lichte einer neuen statistischen Erhebung, Jahrbücher für Nationalökonomie und Statistik, Bd. 153, 1941, S. 551 ff.

Grundlagen und Möglichkeiten einer organischen Finanz- und Steuerreform. Zur Neuordnung der Finanzverfassung und des Steuersystems, Institut „Finanzen und Steuern", H. 60, Bonn 1962.

Haller, H., Die Bedeutung des Äquivalenzprinzips für die öffentliche Finanzwirtschaft, Finanzarchiv NF, Bd. 21, 1961, S. 248 ff.

— Die Steuern, Tübingen 1964.

Hamer, G., *Müller-Nagell*, H., Der private Verbrauch nach Verwendungszwecken und Lieferbereichen, Wirtschaft und Statistik, H. 12, 1963, S. 714 ff.

Harms, B., Das neue Deutschland im neuen Europa, in: *Harms*, B. (Hrsg.), Strukturwandlungen der Deutschen Volkswirtschaft, 2 Bde., Berlin 1928.

Hedtkamp, G., Die Entwicklung der öffentlichen Einnahmen in der Bundesrepublik, in: *König*, H. (Hrsg.), Wandlungen der Wirtschaftsstruktur in der Bundesrepublik Deutschland, Schriften des Vereins für Socialpolitik NF, Bd. 26, Berlin 1962, S. 151 ff.

Henderson, J. M., *Quandt*, R. E., Microeconomic Theory, New York, Toronto, London 1958.

Hicks, J. R., Value and Capital, 2nd ed., Oxford 1946.

Horstmann, K., Die Einkommens- und Verbrauchsstichprobe 1962, Wirtschaft und Statistik, H. 10, 1961, S. 563 ff.

Houthakker, H. S., The Econometrics of Family Budgets, Journal of the Royal Statistical Society, Series A, vol. CXV, 1952, S. 1 f.

— An International Comparison of Household Expenditure Patterns. Commemorating the Centenary of Engel's Law, Econometrica, vol. 25, 1957, S. 532 ff.

Ismar, H., *Lange*, G., *Schweinitz*, H. v., Die Konsum- und Investitionsfunktion. Untersuchung für die Bundesrepublik Deutschland, Forschungsberichte des Landes Nordrhein-Westfalen, Nr. 1024, Köln und Opladen 1962.

Joseph, M. F. W., The Excess Burden of Indirect Taxation, The Review of Economic Studies, vol. VI, 1939, S. 226 ff.

Kaldor, N., Essays on Economic Stability and Growth, London 1960.

Katona, G., Das Verhalten der Verbraucher und Unternehmer, Tübingen 1960.

Katona, G., *Mueller*, E., Consumer Attitudes and Demand 1950—1952, Ann Arbor 1953.

Klatt, S., Die Theorie der Engel-Kurven, Jahrbuch für Sozialwissenschaft, Bd. 4/10, 1959, S. 274 ff.

— Zur Theorie der Industrialisierung, Köln und Opladen 1959.

Klein, L., An Introduction to Econometrics, Englewood Cliffs 1962.

Knox, F., Consumer's Expenditure and the Classless Society, Westminster Bank Review, May 1959, S. 4 ff.

Koch, W., Das Verhältnis zwischen gesellschaftlicher und steuerlicher Gerechtigkeit bei Adolph Wagner, Finanzarchiv NF, Bd. 23, 1963/64, S. 36 ff.

Krelle, W., Verteilungstheorie, Tübingen 1962.

Kurihara, K., National Income and Economic Growth, London 1961.

Kuznets, S., Economic Growth and Income Inequality, The American Economic Review, vol. XLV, 1955, S. 1 ff.

Lassalle, F., Die indirekte Steuer und die Lage der arbeitenden Klassen, neudurchgesehen und herausgegeben von *E. Bernstein*, Berlin 1912.

Lehbert, B., Die Nachfrage nach Personenkraftwagen in der Bundesrepublik Deutschland, Tübingen 1962.

Leibenstein, H., Bandwagon, Snob and Veblen Effects in the Theory of Consumers' Demand, The Quarterly Journal of Economics, vol. LXIV, 1950, S. 183 ff.

Lenschow, G., Volkseinkommensschichtung und Verbrauch, Zeitschrift für die gesamte Staatswissenschaft, Bd. 106, 1950, S. 644 ff.

Lewis, A., The Theory of Economic Growth, London 1955.

Lewis, H. G., *Douglas*, P. H., Studies in Consumer Expenditures (1901, 1918—19, 1922—24), Studies in Business Administration, vol. 17, No. 3, Chicago 1947.

Little, I. M. D., Direct versus Indirect Taxes, The Economic Journal, vol. LXI, 1951; wiederabgedruckt in: Readings in the Economics of Taxation, London 1959, S. 123 ff.

Littmann, K., Zunehmende Staatstätigkeit und wirtschaftliche Entwicklung, Köln und Opladen 1957.

— Strukturen und Entwicklungen der staatlichen Aktivität in der Bundesrepublik Deutschland 1950—1970, in: *Neumark*, F. (Hrsg.), Strukturwandlungen einer wachsenden Wirtschaft, Schriften des Vereins für Socialpolitik NF, Bd. 30/II, Berlin 1964, S. 779 ff.

Lorenz, Ch., Forschungslehre der Sozialstatistik, 3 Bde., Berlin 1964.

Lotz, J. H. E., Handbuch der Staatswirthschaftslehre, 3 Bde., Erlangen 1821/22.

Lubell, H., Effects of Redistribution of Income on Consumers' Expenditures, The American Economic Review, vol. XXXVII, 1947, S. 157 ff.

Machlup, F., Structure and Structural Change: Weaselwords and Jargon, Zeitschrift für Nationalökonomie, Bd. 18, 1958, S. 280 ff.; wiederabgedruckt in: *Machlup*, F., Essays on Economic Semantics, Englewood Cliffs 1963, S. 73 ff.

Mann, F. K., Zur Frage der steuerlichen Lastendistribution, Jahrbücher für Nationalökonomie und Statistik, Bd. 124, 1926, S. 30 ff.

— Die Gerechtigkeit in der Besteuerung, in: Festgabe für Georg von Schanz, Bd. II, Tübingen 1928, S. 112 ff.

Mehler, F., Zur Problematik der Agrarpreise, Stuttgart 1962.

Methoden zur Vorausschätzung der Wirtschaftsentwicklung auf lange Sicht. Bericht einer Sachverständigengruppe, Statistisches Amt der Europäischen Gemeinschaften, Statistische Informationen, Nr. 6, 1960.

Meyer-Dohm, P., Der private Haushalt im Prozeß der Bedarfsdifferenzierung, in: *Neumark*, F. (Hrsg.), Strukturwandlungen einer wachsenden Wirtschaft, Schriften des Vereins für Socialpolitik NF, Bd. 30/I, Berlin 1964, S. 67 ff.

Müller, W., Lebenshaltungsniveau und Konsumverhalten, in: *Behrendt*, R. F., *Müller*, W., *Sieber*, H., *Weber*, M. (Hrsg.), Strukturwandlungen der Schweizerischen Wirtschaft und Gesellschaft, Festschrift für Fritz Marbach zum 70. Geburtstag, Bern 1962, S. 287 ff.

Musgrave, R. A., The Theory of Public Finance, New York, Toronto, London 1959.

Neuhauser, G., Zur Frage der Konsumneigung in der wachsenden Wirtschaft, in: *Ohm*, H. (Hrsg.), Methoden und Probleme der Wirtschaftspolitik, Gedächtnisschrift für Hans-Jürgen Seraphim, Berlin 1964, S. 21 ff.

Neumark, F., Interventionistische und dirigistische Steuerpolitik, in: *Beckerath*, E. v., *Meyer*, F. W., *Müller-Armack*, A. (Hrsg.), Wirtschaftsfragen der freien Welt. Zum 60. Geburtstag von Bundeswirtschaftsminister Ludwig Erhard, Frankfurt am Main 1957; wiederabgedruckt in: *Neumark*, F., Wirtschafts- und Finanzprobleme des Interventionsstaates, Tübingen 1961, S. 279 ff.

— Probleme der Steuerprogression, in: Wirtschafts- und Finanzprobleme des Interventionsstaates, Tübingen 1961, S. 363 ff.

— Steuerpolitik in der Überflußgesellschaft, Berlin 1961.

Neumark, F., Lassalles Steuerstreitschrift 1863—1963, Finanzarchiv NF, Bd. 23, 1963/64, S. 66 ff.

— Grundsätze der Besteuerung in Vergangenheit und Gegenwart, Wiesbaden 1965.

Nicholson, J. L., Variations in Working Class Family Expenditure, Journal of the Royal Statistical Society, Series, A, vol. CXII, 1949, S. 359 ff.

Niehans, J., Strukturwandlungen als Wachstumsprobleme, in: *Neumark*, F. (Hrsg.), Strukturwandlungen einer wachsenden Wirtschaft, Schriften des Vereins für Socialpolitik NF, Bd. 30/I, Berlin 1964, S. 18 ff.

Oldenberg, K., Die Konsumtion, Grundriß der Sozialökonomik, II. Abt., 2. neubearb. Aufl., Tübingen 1923.

Packard, V., Die große Verschwendung, Düsseldorf 1961.

Paradiso, L. J., *Smith*, M. A., Consumer Purchasing and Income Patterns, Survey of Current Business, vol. 39, No. 3, 1959, S. 18 ff.

Pareto, V., La curva delle entrate e le osservazioni del Prof. Edgeworth, Giornale degli economisti, nov. 1896, S. 439 ff., wiederabgedruckt in: *Pareto*, V., Scritti teorici, hrsg. von G. *Demaria*, Milano 1952, S. 343 ff.

Pehl, G., Steuerpolitik in der Bundesrepublik Deutschland, Köln 1962.

Popitz, J., Allgemeine Verbrauchsteuer, Handbuch der Finanzwissenschaft, 1. Aufl., 2. Bd., Tübingen 1927, S. 180 ff.

Prais, S. J., Non-Linear Estimates of the Engel-Curves, The Review of Economic Studies, vol. XX, 1952/53, S. 87 ff.

— The Estimation of Equivalent-Adult Scales from Family Budgets, The Economic Journal, vol. LXIII, 1953, S. 791 ff.

Prais, S. J., *Houthakker*, H. S., The Analysis of Family Budgets, Cambridge 1955.

Preiser, E., Probleme der Wohlstandsgesellschaft, Bayerische Akademie der Wissenschaften, Philosophisch-Historische Klasse, Sitzungsberichte, Jg. 1964, H. 7, München 1964.

Projection de la Consommation des Ménages pour 1970, Etudes et Conjoncture, 19e année, No. 9, 1964, S. 16 ff.

Puviani, A., Die Illusionen in der öffentlichen Finanzwirtschaft, Berlin 1960.

Reddies, H., Einnahmen und Ausgaben 1964 in ausgewählten Haushalten von Beamten und Angestellten mit höherem Einkommen, Wirtschaft und Statistik, H. 1, 1966, S. 28 ff.

Richter, R., Preistheorie, Wiesbaden 1963.

Righi, C., Recent Trends of Private Consumption in Italy and Estimates of Probable Modifications in its Pattern for the Years 1965 and 1970, Banca Nazionale del Lavoro, Quarterly, vol. XIV, 1961, S. 439 ff.

Rolph, E. R., *Break*, G. F., The Welfare Aspects of Excise Taxes, The Journal of Political Economy, vol. LVII, 1949; wiederabgedruckt in: Readings in the Economics of Taxation, London 1959, S. 110 ff.

Rosen, J., Dienstleistungen im Familienbudget, Schweizerische Zeitschrift für Volkswirtschaft und Statistik, Jg. 95, 1959, S. 80 ff.

Rostow, W. W., The Stages of Economic Growth, Cambridge 1960.

Ruban, M.-E., Der private Warenverbrauch in der UdSSR. Entwicklung und Vergleich mit der Bundesrepublik Deutschland, Vierteljahreshefte zur Wirtschaftsforschung, H. 3, 1961, S. 275 ff.

Sauermann, H., Einführung in die Volkswirtschaftslehre, Bd. II, Wiesbaden 1964.

Schäffle, A., Die Steuern, Besonderer Teil, Leipzig 1897.

Schmidt, K., Zu einigen Theorien über die relative Ausdehnung der öffentlichen Ausgaben, Finanzarchiv NF, Bd. 24, 1965, S. 193 ff.

Schmidt, K.-D., *Schwarz,* U., *Thiebach,* G., Die Umverteilung des Volkseinkommens in der Bundesrepublik Deutschland 1955 und 1960, Institut für angewandte Wirtschaftsforschung Tübingen, Schriftenreihe: Band 4, Tübingen 1965.

Schmölders, G., Zur Begriffsbestimmung der Verbrauchsteuern, Finanzwissenschaftliche Forschungsarbeiten, NF, H. 10, Berlin 1955.

— Die Umsatzsteuern, Handbuch der Finanzwissenschaft, 2. Aufl., 2. Bd., Tübingen 1956, S. 566 ff.

— Das Verbrauch- und Aufwandsteuersystem, Handbuch der Finanzwissenschaft, 2. Aufl., 2. Bd., Tübingen 1956, S. 636 ff.

— Verbrauchsteuern, Handwörterbuch der Sozialwissenschaften, Bd. 10, Stuttgart, Tübingen, Göttingen 1959, S. 637 ff.

— „Unmerkliche" Steuern, Finanzarchiv NF, Bd. 20, 1959/60, S. 23 ff.

Schmucker, H., Zur empirischen Bestimmung der Einkommensabhängigkeit der Nachfrage im Bereich des privaten Verbrauchs, Weltwirtschaftl. Archiv, Bd. 82, 1959, S. 169 ff.

— Die ökonomische Lage der Familie in der Bundesrepublik Deutschland, Stuttgart 1961.

— Die langfristigen Strukturwandlungen des Verbrauchs der privaten Haushalte in ihrer Interdependenz mit den übrigen Bereichen einer wachsenden Wirtschaft, in: *Neumark,* F. (Hrsg.), Strukturwandlungen einer wachsenden Wirtschaft, Schriften des Vereins für Socialpolitik, Bd. 30/I, Berlin 1964, S. 106 ff.

Schroeder, R., Zur Einkommens- und Preiselastizität langerlebiger Konsumgütergruppen, Ifo-Studien, Jg. 2, 1956, S. 173 ff.

Schumann, J., Gesellschaft im Überfluß, Finanzarchiv NF, Bd. 20, 1960, S. 473 ff.

Schwabe, G., Das Verhältnis von Miete und Einkommen, Berlin 1868.

Sehr gute konjunkturelle Entwicklung auf dem Getränkemarkt, Ifo-Schnelldienst, Jg. 18, Nr. 28, 1965, S. 4 ff.

Shupack, M. B., The Predictive Accuracy of Empirical Demand Analysis, The Economic Journal, vol. LXXII, 1962, S. 550 ff.

Slutsky, E. E., On the Theory of the Budget of the Consumer, in: Readings in Price Theory, London 1953, S. 27 ff.

Sobotschinski, A., Die Zusammenhänge zwischen Miete und Einkommen, Wirtschaft und Statistik, H. 8, 1959, S. 411 ff.

— Die Mietbelastung der Haushalte, Wirtschaft und Statistik, H. 1, 1963, S. 23 ff.

Soziale Umverteilung, Mitteilung 1 der Kommission für dringliche sozialpolitische Fragen der Deutschen Forschungsgemeinschaft, Wiesbaden, o. J. (1964).

Stackelberg, H. v., Grundlagen der theoretischen Volkswirtschaftslehre, 2. Aufl., Tübingen und Zürich 1951.

Stamer, H., *Wolfram,* R., Die Nachfrage nach Agrarprodukten. Elastizitäten und Entwicklungstendenzen, Hamburg und Berlin 1965.

Statistisches Jahrbuch für die Bundesrepublik Deutschland 1953, Stuttgart und Mainz 1953.

Statistisches Jahrbuch für die Bundesrepublik Deutschland 1957, Stuttgart und Mainz 1957.

Statistisches Jahrbuch für die Bundesrepublik Deutschland 1960, Stuttgart und Mainz 1960.

Statistisches Jahrbuch für die Bundesrepublik Deutschland 1961, Stuttgart und Mainz 1961.

Statistisches Jahrbuch für die Bundesrepublik Deutschland 1964, Stuttgart und Mainz 1964.

Stigler, G. J., The Early History of Empirical Studies of Consumer Behavior, The Journal of Political Economy, vol. LXII, 1954, S. 95 ff.

Stone, R., The Measurement of Consumers' Expenditure and Behavior in the United Kingdom 1920—1938, vol. I, Cambridge 1954.

Stone, R., *Rowe,* D. A., The Market Demand for Durable Goods, Econometrica, vol. 25, 1957, S. 423 ff.

— The Durability of Consumers' Durable Goods, Econometrica, vol. 28, 1960, S. 407 ff.

Thalheim, K. C., Aufriß einer volkswirtschaftlichen Strukturlehre, Zeitschrift für die gesamte Staatswissenschaft, Bd. 99, 1939, S. 464 ff.

Timm, H., Das Gesetz der wachsenden Staatsausgaben, Finanzarchiv NF, Bd. 21, 1961, S. 201 ff.

Tintner, G., Einkommenselastizität im österreichischen Konsum. Ökonometrische Untersuchungen zur österreichischen Konsumerhebung 1954/55, Monatsberichte des österreichischen Instituts für Wirtschaftsforschung, XXXII. Jg., Beilage Nr. 57, 1959.

Tough, E. G., *Kirkpatrick,* E. L., Scales for Measuring the Standard of Living, Journal of the American Statistical Association, vol. XXVIII, 1933, S. 55 ff.

Veblen, Th., Theorie der feinen Leute, Köln-Berlin o. J.

Verbrauch und Besteuerung von verbrauchsteuerpflichtigen Waren, 1925 bis 1938 und 1949—1955, Statistik der Bundesrepublik Deutschland, Bd. 133, Stuttgart 1956.

Verbrauch von Genußmitteln und anderen verbrauchbesteuerten Erzeugnissen 1955 bis 1960, Wirtschaft und Statistik, H. 8, 1961, S. 487 ff.

Wagner, A., Finanzwissenschaft, 2. Teil: Theorie der Besteuerung. Gebührenlehre und allgemeine Steuerlehre, 2. Aufl., Leipzig 1890.

— Grundlegung der politischen Ökonomie, 3. Aufl., Leipzig 1892/94.

Walker, D., The Direct-Indirect Tax Problem: Fifteen Years of Controversy, Public Finance, vol. X, 1955, S. 153 ff.

Wold, H., Demand Analysis, New York, Stockholm 1953.

Wolf, J., Betrachtungen zur Einkommensabhängigkeit des Obstverbrauchs, Agrarwirtschaft, Jg. 4, 1955, S. 305 ff.

Wolff, P. de, Income Elasticity of Demand, a Micro-Economic and a Macro-Economic Interpretation, The Economic Journal, vol. 51, 1941, S. 140 ff.

Yntema, D. B., Measures of the Inequality in the Personal Distribution of Wealth or Income, Journal of the American Statistical Association, vol. XXVIII, 1933, S. 423 ff.

Zeitel, G., Die Steuerlastverteilung in der Bundesrepublik Deutschland, Tübingen 1959.

MIX
Papier | Fördert gute Waldnutzung
FSC® C083411

Kolibri 360 GmbH
Ferdinand-Jühlke-Straße 7
99095 Erfurt, Deutschland
produktsicherheit@kolibri360.de

Druck:
CPI Druckdienstleistungen GmbH
im Auftrag der
Kolibri 360 GmbH
Ferdinand-Jühlke-Str. 7
99095 Erfurt